船瀬俊介

奇跡を起こす「波動医学」

“量子力学”が切り開く未来医療革命

共栄書房

奇跡を起こす「波動医学」——〝量子力学〟が切り開く未来医療革命◆目次

第5章　「超能力」「遠隔治療」「祈り」「愛」の奇跡　

――「量子力学」が、すべての〝謎〟を鮮やかに解明

第8章 植物も水も、〝意識〟〝感情〟を持つ 209

――かれらも「波動」で〝交信〟〝思考〟〝記憶〟する

プロローグ　ついに「神の周波数」を、とらえた……！

――「完全治癒」「遠隔療法」、量子論が開く未来医療へ

「波動医学」は四つの生命神秘を解明している

●（1）形態、（2）発生、（3）治癒、（4）再生の〝謎〟

「波動医学」の根幹は、つぎの「箴言《しんげん》」にある。

――宇宙のあらゆる存在は「波動」であり、物質は存在しない――（マックス・プランク）

だから、人体の臓器、組織、細胞も〝振動〟している。
各々、固有周波数を持つ。それが、ソルフェジオ周波数である。
臓器が弱ると周波数がズレる。そのズレを感知するのが**「波動診断」**である。
そして、正しい周波数を送り込むと、共鳴現象により、正しい周波数に戻る。

これが**「波動治療」**である。

だから、「波動医学」は——**瞬時に診断し、瞬時に治療する**——。

痛みもなければ副作用もない。

身体に〝毒〟を注入し、病気を慢性化させ、最後は殺す薬物療法とは、雲泥の差である。

「波動医学」の根幹が、**「波動生理学」**だ。

それは、生命の神秘を次々に解明している。
(1)「形態」の決定：固有周波数は、固有の形態を決定する。
水面などに特定形態を発生させる周波数は、生物の形態を決定する（例：亀の甲羅、花弁の配列など）。
(2)「発生」の原理：受精卵が複雑な体細胞に変化して、生物体は完成する。
既成の生物学は、この謎をいまだ解明できない。

しかし、「波動生理学」は、いともかんたんに解明している。

受精卵が卵割した胚は、各々、固有ソルフェジオ周波数による刺激で、表皮、筋肉、骨、神経、分泌腺、臓器……と形成されていくのだ。
(3)「治癒」の過程：切り傷がなぜ治るのか？
現代医学は、こんなことすら、まったく解明できない。

「波動医学」は、そのメカニズムを鮮やかに示す。

まず、①切り傷が発生。その瞬間に②切断面に神経ネットワーク形成。③第一次治癒電流が流れる。④体細胞が万能細胞に戻る。⑤切断面を密着させる。⑥第二次治癒電流が流れる。⑦ソルフェジオ周波数を発信。⑧万能細胞は、各々、皮膚、筋肉、骨、血管、神経……に変化。⑨傷跡、切断面は完全消滅。

(4)「再生」の神秘：トカゲは脚や尾を切断されても、再生する。

その原理は現代生理学では、いまだ謎とされている。

やはり、一次治癒電流により、切断面の体細胞は万能細胞に戻る。次に二次治癒電流に従い、万能細胞は表皮、筋肉、骨、血管などの体細胞に変化し脚や尾は再生していく。

(1)～(4)は、まさに、生命の神秘である。

現代医学は、これらメカニズムに完全に無知である。

これは、医学どころか生理学にすら、「波動」概念がまったく欠如しているからだ。

〝かれら〟は、「生命反応は化学反応」という固定観念に囚《とら》われてきた。

生命現象の根幹は「波動反応」なのだ。

それに気づかぬ〝かれら〟は、いまだ迷宮の隘路《あいろ》を彷徨《さまよ》い続けているのだ。

奇跡の子猫、ついに「神の周波数」をとらえた

●複雑骨折の猫が五〇日で完治

「……この動画を見てください」

ある人から見せられた画面に衝撃を受けた。

子猫が元気に走り回っている。

「……これが半年前の動画です」

猫の下半身がつぶれて、死にかけている（写真０–１）。

「……車に轢《ひ》かれて複雑骨折でした。それを、ある『波動装置』（仮称X）に載せたら、バラバラの骨が呼び合うように集まり、ギブスもなにもしないのに骨格は完全に元に戻ったのです」

子猫は施術一二日目で座れるまでに回復した（写真０–２）。

そして施術二〇日目には四つ脚で歩き始めた（写真０–３）。

さらに、五〇日後には、元気一杯で駆け回る（写真０–４）。

カメラを見上げる目付きも生き生きとしている。

■骨盤を複雑骨折した瀕死の猫

写真 0-1

とても二か月近く前、骨盤が複雑骨折していたとは思えない。

「神の周波数だ！」

わたしは、心の中で叫んだ。

「ついに、オーケストラの指揮者を見つけた！」

無言の快哉《かいさい》で、心が震えた。

前述（1）〜（4）に示した「波動生理」の神秘を実現するには、指揮者が必要だ。

そのコンダクターが仄《ほの》かに見えて来た。

後ろ姿は、おぼろげだが、はっきり存在を確信した。

■施術 12 日後、座れるように

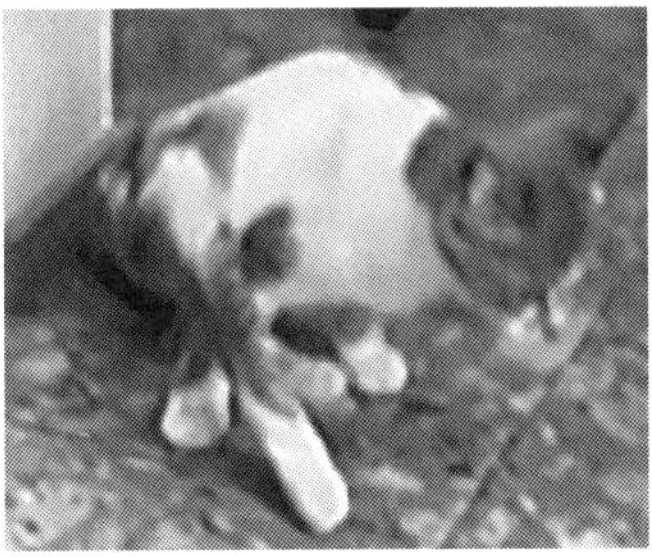

写真 0-2

■施術 20 日後、四つ脚で歩く

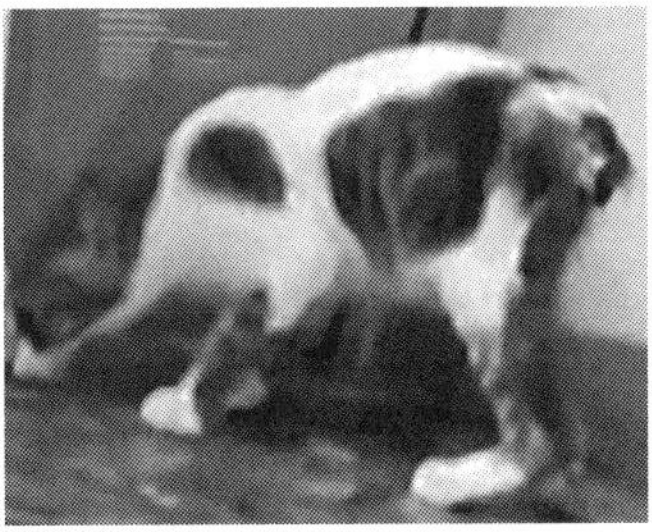

写真 0-3

■ 50 日後、元気に走り回る！

写真 0-4

●獣医は完全治癒に絶句！

オーケストラに例えよう。指揮者がいれば、各々、楽器の奏者たちもいる。

それが、「波動医学」でいえば、各々のソルフェジオ周波数に相当する。
（1）〜（4）の生命現象は、まさにオーケストラの演奏そのものだ。
各楽器が順番に鳴り響いて、壮大な交響曲が完成する。

「波動生理学」でいえば、生命体に相当する。

複雑精妙な生物の身体は、こうして完成するのだ。

下半身を複雑骨折して瀕死状態の子猫を診た獣医は、飼主に告げた。

「助かっても、下半身をひきずって生きることになります」

その獣医は、元気に走り回る子猫の映像を見て絶句した。完全治癒を理解できなかった。

それも仕方ない。普通の骨折だったら、副木《そえぎ》、ギプスなどで固定して、骨の修復を待つ。

荒っぽいばあいは、ボルトで骨を固定する。

●「神の周波数」の指揮者

しかし、子猫のばあい、獣医はこれら施術をあきらめた。

骨盤などバラバラで、正しく癒着は不能とみたからだ。

しかし、特殊な「波動治療機X」にかけたら、奇跡が起きた。

バラバラの骨片が、互いに呼び合うように、ゆっくりと集まり、各々正しい位置に収まって、再癒着した。この、奇跡の業《わざ》をなしえた指揮者が存在したのだ。

別の言い方をすると「神の周波数」だ。これは、まさにオーケストラの指揮者のように、さまざまなソルフェジオ周波数（楽器）を、見事な手捌《てさば》きで鳴り響かせたものと思える。

こうして、「波動医学」が解明した（1）「形態」、（2）「発生」、（3）「治癒」、（4）「再生」に加えて、（5）「完治」の謎が解明されたのだ。

●空中に「波動」を飛ばし癒す

わたしは子猫の情報提供者に「ぜひ、奇跡の『波動装置X』の取材をしたい」と申し入れた。

しかし「これ以上の情報は無理」という。気持ちは十二分に理解できる。

あの素晴らしい波動装置〝AWG〟ですら、発明者は逮捕されている。

ガン栄養療法を成功させたマックス・ゲルソン博士は、医療マフィア、ロックフェラー財閥が放ったヒットマンに暗殺されている。

だから、わたしもこれ以上の取材、記述を控えることにしたい。

ただ、情報提供者から聞いた効果に驚嘆した。

「……この波動装置〝X〟を当てたら、筋ジストロフィーで二年寝たきりの患者が、六時間で立ち上がったのです」

この装置〝X〟は、上に乗ったり、当てたりするものではない、という。

「……空中に『波動』を飛ばすのです。機械のスイッチを入れると、右に四m、左に四m、上に四m、直径で八m拡がります。その中に人間が一〇人いても、二〇人いても、皆に好影響します。たとえば、老人ホームに〝X〟を持っていって、食堂の片隅に黙って置いてスイッチを入れればわかります。老人たちの食べ方、喋《しゃべ》り方、歩き方が変わります」

スゴイ……としか言いようがない。

いま、世界中にデクラス（情報開示）の雪崩《なだれ》現象が起こっている。

世界を闇から支配した悪魔勢力は、衰退の一途だ。

「神」の周波数を実現した〝X〟が、全容と共に登場する日は近いはずだ。

第六の謎、「遠隔」治療を「量子力学」が解いた

●遠隔「気功」は古代から

もうひとつの奇跡が（6）**「遠隔」**治療だ。

古代中国では、気功師が実在し、「遠隔」気功も行っていた。

気功師は、患者に〝気〟を送り病気を治す。

いまや、〝気〟の存在は、西洋医学ですら認めている。

気功師の手から遠赤外線などさまざまなエネルギー波が発せられることも証明されている。

「手当て」療法などは、その「温熱効果」などによるものと現代医学も理解している。

しかし発するのは「温熱」だけではない。

気功師の手は様々なエネルギーを放射している。

それを、英語では〝バイタルフォース〟と呼ぶ。

こうして、西洋医学は、「気」の存在をしぶしぶ認めているのだ。

しかし、気功師が主張する「遠隔」気功には、首をタテに振らない。

「……患者から離れた場所から治療なんて、ありえませんヨ」

ましてや「地球の裏側から治療」などと言えば、ただ冷ややかに笑う。

しかし、「遠隔」気功は科学的実験でも証明されている。

●テレポーテーション医療

たとえば、あるビルの一階に気功師、五階に弟子が配置されている。

気功師が弟子に〝気〟を送る。すると、その瞬間、弟子に生理反応が起こる。

まぎれもなく、「遠隔」で生理を操作しているのだ。

それは、相手を特定できれば、地球の裏側にいてもピンポイントで治療できる。

それどころか地球の裏側でもＯＫとなれば、科学者たちは頭を抱えてしまう。

この遠隔治療の神秘を解明したのが、最新「量子力学」だ。
二〇二二年、三人の学者がノーベル物理学賞を受賞した。
受賞理由は、〝ヒモ理論〟の解明である。
これこそ、人類史における画期的ターニングポイントだ。
「量子力学」には——。

①〝ヒモ理論〟、②〝重ね合わせ〟、③〝テレポーテーション〟の三大理論がある。

①ヒモ理論：対の量子の一方が変化すると、同時に他方も変化する。
二つの量子が〝ヒモ〟で結ばれているかのようだ。

双方の距離が一億光年離れていても、同時に変化する。この時点で、空間の概念は崩壊する。
②重ね合わせ：〝同時多存在〟とも言う。量子は同時刻に、空間のA、B、C等に存在する。
③テレポーテーション：別名〝瞬間移動〟。①②の原理により、量子は時空を超えて瞬時に飛ぶ。
だから、「遠隔」気功の正体は、〝テレポーテーション〟医療なのだ。

●「知の扉」は未来に開かれた

——以上。

(1)「形態」、(2)「発生」、(3)「治癒」、(4)「再生」、(5)「完治」、(6)「遠隔」。

「波動医学」と「量子力学」は、生命の六大ミステリーを、次々に解き明かしている。

それはノーベル物理学賞をはじめとする数多くの知見、証拠（エビデンス）で立証されている。

これらを「オカルト」「都市伝説」と冷笑してきた自称〝インテリ〟の類は、ひきつるだろう。

「知の扉」は、未来に向かって、大きく開け放たれたのだ。

これら、生命の〝奇跡〟を目の当たりにする。

それは、まさに胸躍《おど》る体験である。

知ることの驚き。知ることの喜び……。

さあ……ページを繰《く》ってほしい。

だれも知らなかった、驚きの世界――。

その光景が、あなたの眼前に広がるはずだ。

第1章　離れていても驚愕の治療効果！　遠隔〝AWG〟

——1＋1できぬ子が超秀才に！　九〇歳、老人斑も消えた

全摘された乳房が再生！　「波動」治療の奇跡

●九〇歳、斑点、シミも消えた

「……これを見てください」

整体師の山田秀樹さん（仮名、五六歳）は、一枚の写真を示した。

老人の手を写した二枚の写真。

「……〝AWG〟治療機で施術した九〇歳男性です。一枚目（写真1―1）は老人斑やシミが多い。それが、半年後には、老人斑、シミが消え若々しい肌になっています（写真1―2）」

本当に見ちがえる。半年で斑点やシミが消えている！

肌は第二の臓器と言われる。体内の浄化具合が、はっきり現れる。

それだけ、〝AWG〟治療で代謝が活性化され、体内の毒素（体毒）が排出されたのだろう。

■施術前、シミ、老人斑が目立つ

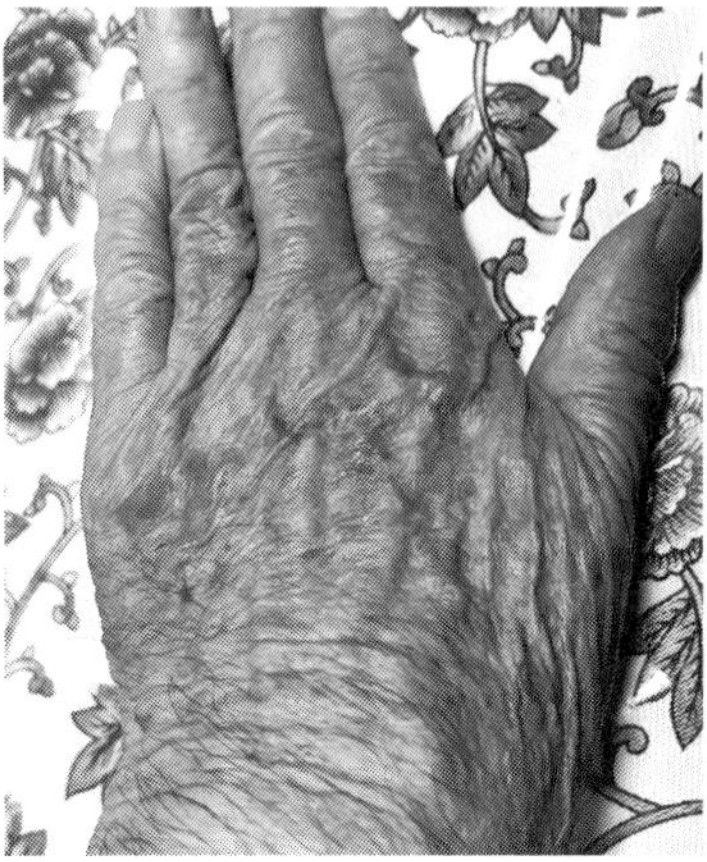

写真 1-1

■施術半年後、全て消えて若々しい

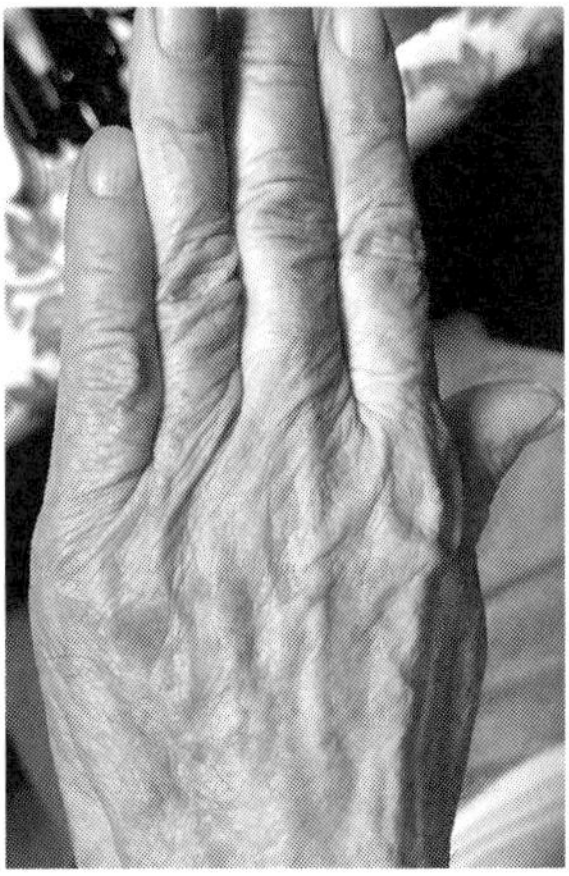

写真 1-2

つまり、身体の内外とも若返ったのだ。

九〇代の老人まで、たった半年でこれほど若返らせる治療機を、ほかに知らない。

「……〝AWG〟で手がきれいになったのは、実は義理の父なんです」と山田さん。

一時期、体調がとても悪かった、という。

〝AWG〟「波動器」「波動水」を用いるようになり、いたって元気という。

〝AWG〟装置で寝てもらう。自分で創った「波動水」を飲む。お風呂にも活用。そうしたら、半年で手がしっとりきれいになった。

さらに「頭髪の白髪が目立つようになっていたが、AWG治療後、黒くなった……」

●ガン手術跡に乳房が再生

〝AWG〟波動治療機とはいったい、どんなものだろう？

わたしは二〇一七年に刊行した『未来を救う「波動医学」』(共栄書房)で〝AWG〟のルーツについて、触れている。

「……この波動治療機が、対象とする疾病は――乳ガン、肝ガン、肺ガン、胃ガン、大腸ガン、重度筋無力症、白血病、脳梗塞、心臓病、関節リウマチ、くる病、腰痛、神経痛、さらには水虫までも、適応症にあげられている」(同書)

それだけではない。

「――東海地方のある市民病院で、奇跡のような乳房再生が始まっている――。それは、同病院で乳房全摘手術を受けた四八歳の主婦(ミチコさん)の、えぐり取られた胸部から、新たな乳房が生まれてきた、という」(同)

●波動エネルギーで活性化

その乳房再生の一部始終を目撃したのは、〝AWG〟を施術した高橋佐智子氏(六二歳、当時)。気功師でもある彼女は、〝AWG〟の原理を次のように説明している。

「……素粒子の波動束を発生させて、人体の深部を『波動』のエネルギーで満たすのです。この器具の波動でミチコさんの胸に変化が現れた」

彼女は、〝AWG〟の原理は気功に似ている、という。

「……〝気〟の注入は、気功師の身体が大気中から取り入れ、蓄積して発する『波動』エネルギーです。それが『経穴』や『経絡』を刺激し、相手の全身を活性化するのです。人はだれでも、元気を人からもらったり、他人にあげたりしています。〝気〟はだれもが日々体験する生命のパワーなのです」（高橋氏）

なるほど――。

「……ところが、この〝AWG〟は、人から人への注入ではなく、人工的にプログラミングさせた波動を、段階的に発生させ、集めて人体の深部に働きかけるのです」（同）

弾圧を生き延び、進化する〝AWG〟療法

●警官が急襲、懲役一年六か月

〝AWG〟の概要は、発明の中心人物、松浦優之博士が米特許申請書類を残している。

そこには「――疾病の種類ごとに、関与する細胞、筋肉系統、血管およびリンパ系統が異なる。これら細胞に対応して、特定周波数を疾病種類ごとに選択し、組み合わせると、極めて良好な治療結果が得られる」とある。

実際には約四三〇種類の疾病名に応じた特定の「コード番号」にダイヤルを合わせて治療する。

〝AWG〟は一時期、医学界を支配する悪魔勢力による弾圧という憂き目にもあっている。

「……一九九八年、ある日の朝、警察官二〇人が松浦博士宅の玄関前に殺到。令状を突き付けた。

『薬事法違反で逮捕する』『証拠物を強制押収する』。一切合切の研究資料は押収され、松浦博士の手には冷たい手錠がかけられた。裁判で懲役一年六か月、罰金二〇〇万円が求刑された。松浦氏は最高裁まで争ったが、執行猶予付きで刑が確定した」(『未来を救う「波動医学」』前出)

血が凍る……とは、このことだ。医療マフィアの悪魔勢力は、ここまでやるのだ。

●厚労省「治療機器」と認可

無法な警察による弾圧から二五年が過ぎた。

画期的な「波動」治療機〝AWG〟は、生き延びた。

松浦博士の意志を継ぐ関係者たちは治療機の改良を重ね、さらなる性能向上を達成している。

〝AWG〟波動装置は本体と子機がある。

最大八個の端末パッチを体表面に貼って、個別「波動」を体内に送り込む。

「モード一覧」「コード表」各々に数字が記載されている。

それら数字は「老人性痴ほう症」「知能向上」「耳全般」「アシドーシス(酸血症)」「免疫向上」「トラウマ」などに対応している。その数字を入力し、施術する。

まさに、「痛みなし、手術なし、注射なし、投薬なし――『素粒子の束』を照射するだけ」(『AWGは魔術か、医術か?』俊成正樹著、五月書房)。

〝AWG〟をかつては二〇人の警官で襲撃した国家権力も、そのめざましい効能を認めざるを得なくなった。これを圧殺すれば、〝ＡＷＧ〟で救われた人々が立ち上がることは必至だ。かくして、厚労省は〝ＡＷＧ〟を公式に「治療機器」として認定している。時代の流れを感じざるをえない。

一一年間、福島原発の被災者を救い続ける

●〝レッドカード〟を〝緑〟に

冒頭に登場した整体師、山田氏――。

彼が〝ＡＷＧ〟の驚異的な効果に目覚めたのは、３・11東日本大震災からだ、という。

「……〝ＡＷＧ〟機器には放射能を調べる装置もあります（〝ライフエネルギー・ジー・コンパス〟等）。それで測ると放射能が判る。どれだけ被曝してるか？　それで、機械を借りて仙台に行った。そこで、じっさいに測ったら〝レッドカード〟です。皆、被曝してる。『これはマズい』。〝ＡＷＧ〟本体には『裏コード』があります。そこには『放射能除去』の項目がある。それで、〝レッドカード〟の人達にかけまくった。〝グリーン〟なら正常。こうして、〝レッドカード〟を〝グリーン〟に変えることを一一年間やってきました」（山田氏）

●八人中六人に奇形児！

彼は、そのため二四〇万円の大枚をはたいて、〝AWG〟「波動器」を購入した。

とにかく現地の放射能が凄い。震災から三年後、彼の整体院に来た女性は証言した。友達が現地の産婦人科で出産した、という。なんと、八人中六人が奇形児だった。その友達の赤ちゃんも指が六本あった。「……それはマズいなぁ」。彼は現地に向かった。

調べてみると、なぜか鼻血を出す人が多い。とくに、子どもたちに多い。

「……〝AWG〟で測ると、外で部活している子どもたちなどが、すぐに鼻血を出す。測定すると、関東の埼玉、千葉でも多かった」（同）

〝AWG〟で「放射能」項目に数値を合わせて施術する。

「……すると〝イエロー・カード〟とか〝レッド・カード〟が反応して出ます。子どものほうがヤバいですね。そこで、〝AWG〟で『放射能対策』の『波動』をかけるが、なかなか〝危険反応〟がとれない」（同）

体内に放射能がとどまっているのだ。それで〝AWG〟をかけると、鼻血が二日間止まらないケースも。ところが鼻血が出たあともう一度測ったら、反応が〝グリーン〟になっていた。

鼻血は排毒だった。自分の体を守る一種の防衛反応だったのだ。

「……ジビエで鹿肉をもらって食べた人がいます。二日間、鼻血が出続けた。だから、助かったといえる。鼻血で鹿肉からの放射能を排毒したのです。その後〝AWG〟測定したら放射能反応

は出ない。この人は鹿肉から相当、放射能をもらったのですね」（山田氏）
山田氏は、それら福島の体験から〝AWG〟の実力に驚いた。色々な事態にも波動器は対策できる。日本復興のためにも〝AWG〟が少しでも役に立たないかと思っているようだ。

落ちこぼれの子の成績が学年一位に大変身！

●1＋1計算も出来ない子が

小学三年生の時、1＋1の計算もできない子がいた。

「……幼少期から小学三年生まで、運動神経もビリだった。駆けっこしたら必ずドンベ。体の発達も悪かった。一〇〇点満点テストなら一〇～一五点くらいのレベル。その子は、学校の先生にまでいじめられるようになった。それを嘆いてお母さんはノイローゼになった」

そこで、おじいさんが心配してAWG本体を購入し、「ノイローゼ」のコード番号を入力して娘（お母さん）にかけたら、みるみる改善した。「これは使える！」と思い1＋1の計算もできない子供にAWGをかけたら、なんと成績が学校で学年一位になった！　運動会では二位に！

その子はどんどん変わっていった。おじいさん曰く「中身が入れ替わったのか……」と。

AWG「波動」で、脳内のスイッチがパチッと入ったのだろう。

山田氏も、この事実におおいに触発され、勇気づけられた。

彼自身も小学校四年生の子の成績と運動神経のレベルアップに成功している。

●大手塾模試で二年連続一位！

その結果は……？

山田氏は、晴れやかな笑顔で語る。信じられない！　それは、母親も同じ思いだろう。

山田氏は母親から頼まれて、九月にその子に施術二回。整体と〝AWG〟の「トラウマ除去」「解毒」「知能向上」をパッドで額、首、腰、背骨に貼って「波動」を流した。

まず、九月、施術直後の変化が凄い。十月、運動会の駆けっこで一位に。一か月でこの激変。いつものビリが一位になったので、まわりもビックリした。

「……証拠写真もありますよ。半年後に大手塾の選抜模試があった。この子が受けたら、偏差値が平均七四以上！　トップクラスになった」（山田氏）

じっさいに「成績表」や運動会の写真などの〝証拠〟も見せていただいた。

お母さんはその後もこの子にＡＷＧをかけ続けるため山田氏のもとに通った。

一年後、同様試験を受けたら、平均偏差値八二を叩き出した。ただスゴイ！　というほかない。

「……両方とも、模試受験者の中では前回ともに一位を獲得。ＡＷＧで勉強のやる気スイッチが入ったのですね。ただし、スイッチを入れてもやはり本人が努力しなければ良い結果は残せないでしょうね」（山田氏）

●斜視の赤ちゃんも見事に完治

〝AWG〟は、赤ちゃんの先天異常にも、驚くべき効果を発揮する。

生後一か月半後の赤ちゃんは左目が斜視だった。

両親は〝AWG〟機を持っていたため施術を施した。「Gマット」に一日三〜六時間、特定コードの「波動」を照射した。

二日目には、もう明らかに改善し、ほぼ目の違和感はなくなっていた。驚くべき即効性だった。

……その後も、〝AWG〟治療を継続すると、一か月後には、斜視は完全に正常になった。

そして、その後一年一か月経った今でも、再発等なく、目は正常。完治している状態だ。

「……〝AWG〟の凄さは知っていましたが、赤ちゃんにはこんなに即効性があるのだと驚きました」（母）

これらの治療経過をみると、〝AWG〟には身体の「波動」情報を正常化する働きがあることが、よくわかる。

先天的な斜視も、まさに体内情報の〝乱れ〟から発生したのだろう。

〝AWG〟で体内の生命波動を正常化すれば、歪んだ斜視も正常にもどるのは当然だろう。

重体の八〇歳、〝AWG〟で生き返った！

●多臓器不全で危篤の宣告を受ける

八〇歳過ぎの女性――。

入院先で多臓器不全を宣告された。

血糖値600mgを超え、血圧がどんどん低下。

インスリンや昇圧剤の点滴をマックスで入れたが、血圧の上が、60〜70㎜Hg以上にはならず、少量の血尿しか出ない状態（無尿）となった。

体中が浮腫み、足もパンパンに2倍ほどに腫れ上がった。

主治医に、「透析もできない。やれることは全てやりました。残念ですが、もう何も出来ることはありません。会わせたい人がいたら呼んでください」と伝えられた。

この家族には2名の看護師がいたが、2名とも〝もうお別れだろう〟と覚悟する状態だった。

何もすることが出来ないのならと、家族は医師に「家にある治療器みたいなものを持ってきて使ってもいいですか？」とお願いし、許可を得ることが出来た。

個室にいたことが幸いしたのかもしれない。

すでに意識不明、昏睡状態であったため、体に直接パッドを八枚貼り、本人の反応がないので、最強の強さでスタートした。

●みるみる間に回復！

たくさんあるコードの中で、どれがこの病状にヒットするのかがわからなかったので、家族は直感を与えてほしい！　と祈りながら、コード番号を選んだという。

すると、不思議なことに、機械をかけてから数時間後より尿が出始めた。

少しずつ、尿パックに溜まりだしたのだ。

しかも驚くことに、血尿から、普通の黄色の尿に変わっていった！　そして、その頃より血圧も徐々に上がりだした。

〝あと半日くらいしかもたないだろう〟という状態から様態が安定しだし、最後の挨拶を終えた親族たちも家に帰って行った。

そして四日目には意識を取り戻し、こちらの受け答えにうなずくようになった。

医師は首を傾けた。その頃より、処置の邪魔になるということで、機械を外した。

二週間後には経鼻栄養の管が抜かれ、少しずつではあるが、口から食べられるようになった。

要介護５の認定を受けていたので、自宅に戻っての介護は難しいと思い、家から近い介護施設に転院することとなった。しかし、ちょうどその頃、介護施設にコロナ患者が出たため、一時的に自宅でみることとなった。その間にも、みるみる回復してきたので、そのまま在宅介護となった。

■ドロドロ血液は万病の原因 ⇨ "AWG" でサラサラ血液に

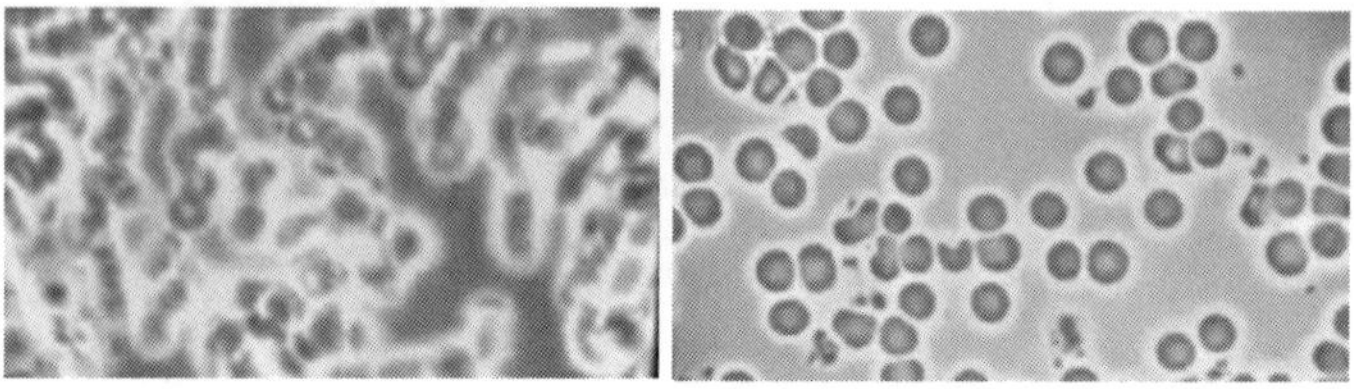

写真 1-3

（「遠隔」治療でもこの結果！）

あれから三年。今では杖を突きながら、自力で歩くことが出来る。頭もしっかりとしていて、ゆっくりだが家事もできるほど回復している。もし、この機械がなかったら、医者の宣告どおり、多臓器不全で亡くなっていたのかもしれない。

●ドロドロの血がサラサラに！

整体師の山田さんも、その経過に驚く。

「……そしたら、おばあちゃん、生き返っちゃった。意識も戻った」

その仕組みをこう話す。

「〝AWG〟をかけると、ドロドロの血液がサラサラ血になります。写真1―3左が多臓器不全のおばあちゃんの血液だとすると、赤血球が互いにくっついている（連銭結合：ルロー）。このドロドロの血液が内臓の血管につまって多臓器不全を引き起こしたのです。」

ところが〝AWG〟をかけたら、ドロドロの血液がサラサラになった（写真1―3右）。

三日間〝AWG〟をかけ続けた結果、サラサラ血が二四時間全身を回り、危篤状態から意識を戻したのではないか、と分析する。

地球の裏側でも……「遠隔」治療の驚異

●「量子力学」が実証した神秘

昔から気功師は、遠隔治療を行ってきた。いわゆる遠隔気功である。

「ペテンだ」「嘘だ」「ありえない」と、なじる研究者もまた多い。

それも無理はない。従来の古典科学では、説明できないからだ。

遠隔治療を理解するには、「量子力学」の知識が必要だ。

二〇二二年、ノーベル物理学賞が三人の学者に授けられた。彼らは「量子力学」の専門学者たちだった。授与の理由は「量子もつれ」の研究成果に対してだ。

「量子もつれ」とは別名「量子〝ヒモ理論〟」とよばれる。

これまでアインシュタインまでの物理学では、物質の最小単位は陽子、中性子と思われていた。

ところが、科学の進歩は、それより最小単位の〝粒子〟が存在することをつきとめた。

それが、量子である。それらはニュートリノ、クォークなど複数発見されている。

●テレポーテーション原理

これら量子の〝振《ふ》る舞《ま》い〟は、従来の常識を越えたものだった。

その特徴は、①「量子もつれ」、②「重ね合わせ」、③「テレポーテーション」（瞬間移動）。

①「量子もつれ」：対の量子は、一方が変化すると同時に他方も変化する。
あたかも〝ヒモ〟で結ばれているかのようだ。それは、一m離れても、一億光年離れても、同時に起こる。ここにおいて時空の概念は崩壊する。
②「重ね合わせ」：量子は空間のA、B、Cなどに同時存在する。
③「テレポーテーション」：量子波は時空を越えて瞬間移動する。

解明されたこれら不可思議な現象は、実在する。

それを立証した功績により、三人の物理学者は、ノーベル賞を授与されたのだ。

〝テレポーテーション〟で、生体情報（量子波）は一億光年でも瞬時に飛ぶ。

だから、気功師が送る「気」（量子波）が地球の裏側まで届くのは、あたりまえなのだ。

このように「量子力学」は、これまで謎とされた遠隔治療のメカニズムを鮮やかに解明している。

遠隔治療の面白いところは、「写真」「氏名」「生年月日」など、本人を特定する情報を「波動」装置に入力すると、地球の裏側にいても、量子波は、本人を〝特定〟して届くことだ。

これはまさに、量子波の〝引き寄せ〟効果だろう。不可思議というほかない。

「遠隔」〝AWG〟一五分で血液サラサラに

●立ち会った女医も驚嘆絶句

現役の医師ほど、遠隔治療を認めない。無理もない。医学教育では習っていない。さらに、メディアでも絶対に流されないからだ。

だから、ほとんどの医者は〝遠隔治療〟と聞くとせせら笑う。

冷ややかなケイベツの目付きすら浮かべている。

整体師の山田氏から、衝撃的な映像を見せてもらった。

ある病院で行った〝AWG〟遠隔治療の記録映像だ。

ある患者に、患者には知らせずに遠隔療法を施した。氏名など患者の特定情報を装置に入力して、遠隔照射を行った。むろん、「波動」装置は、いっさい患者には触れていない。

患者の血液は酸性体質だったため赤血球に連銭結合（ルロー）が顕著だった（32ページ写真1-3左）。

ところが〝AWG〟照射後、わずか一五分。互いにくっつき合っていた赤血球は、見事にバラけている。ドロドロの病気体質の血液が、たった一五分の遠隔〝AWG〟照射で、サ・ラ・サ・ラの健康血液に激変したのだ（写真1―3右）。

動画には、驚愕、絶句する女医の声も記録されている。

「……遠隔ですよ。こんなに変化するんですね」

●「遠隔」で前立腺ガンが消失

「……『遠隔』で一切、患者に触らないで前立腺ガンが治った、という事例もいっぱいあります」（山田氏）

私も山田氏から遠隔治療を受けてみた。「船瀬俊介」という名前を書いて「センサー」に挟むだけ。それで、離れていても、〝AWG〟が本人を検知して「波動」を送ってくる。

不思議といえば不思議としかいいようがない。

これこそ、「量子力学」のいう〝ヒモ理論〟と〝テレポーテーション〟なのだろう。

この遠隔治療は〝AWG〟「本体」「子機」どちらもできる。

この〝AWG〟の遠隔機能を発見したのが山田氏自身なのだ。

「……それまでは、パッドを貼って波動をかけていた。しかし、遠隔でも全く同じ効果が得られたのです。この成果をお伝えしたところ北海道で、じっさいに試した方がいます。ご主人に前立腺ガンが見つかった。奥さんはご主人の名前と生年月日、『前立腺ガンが治りました』と完了形で書いた御札、パスポートの写真も添えて、センサーに挟んだ。そうして遠隔治療で〝AWG〟

を二四時間、がんばって二週間続けてかけた。そして一か月半後、ドクターが『もう一回検査して、今後の治療法を検討しましょう』と、検査をした。すると、なんとガンがどこにもなかった・・・・・・！」（山田氏）

●内助の功、夫は何も知らぬまま

ご主人は、まさか奥さんが遠隔治療していることなど、まったく知らない。

「……ご主人は、こういうのが嫌いなんです。俺には貼るな！　電気は流すな！　さんざん言っていた。しかし、奥さんは内助の功で二週間がんばって、〝AWG〟を遠隔でかけつづけた。そしたら、みんなビックリ、あれぇ。あぜん……。だって、前立腺ガンだったというMRI画像などの証拠がありますから。『前立腺ガン』とカルテにも書いてある。それから一か月半ほどで、ガンは消え失せた。奥さんは経過を詳しい手記にも残されています」（同）

山田氏も「遠隔って効くんだなぁ」と改めて思った。

「波動」など大嫌いなご主人が「遠隔」で完治したのは、じつに皮肉でもある。

一七人全員の肩凝りを「遠隔」一撃完治

●名前を書いてもらうだけで

ここまで読んでも信じられないひともいるだろう。以下は、私も目撃した現場だ。

山田氏は、五、六人の肩こり、こわばりなどを、遠隔治療でいっぺんに治してみせた。

その場にいた私もビックリ。一番驚いたのは、参加者たちが長年患っていた肩こりなどが、山田氏が触れも触りもしないで、〝AWG〟の遠隔治療のみで全員が一瞬で治ったことだ。

「……名古屋では、一七人をいっぺんに治したことがありますよ」と山田氏は笑う。

彼は、「遠隔治療は、兄弟など片方を施術すると、もう一人も治ることがある」という。

本人の特定は、名前をメモに書いてもらって読み込みセンサーに挟むだけ。

初めて体験する人は、マジックかなにかのように思うだろう。

一種のオカルトと思い込む人がいても不思議ではない。

●同姓同名でも親族でも

「……同姓同名でも、面白いことに、その方に行くんですね。その人の意識が名前にこもる。あと、名古屋、大阪で実験しました。兄弟、家族はエーテル体（幽体）でつながっているらしい。

わざと、弟さんの名刺を持ったお姉さんに前に出てもらって、腰のチェックをした。そしたら、『どこも痛くない』」

「次に、弟の名刺を外した。皆の前で『もう一回』と腰を触ったら、いたたー！　と椅子からずり落ちた。『あ、これ弟さんの波動もかかるんだ』。エーテル体って、家族間もいっしょに守っているようですね。親族が枕元に立つのも、同じ理由からでしょう」

山田氏によれば、父母や伯父、叔母などでも効果はある、という。

遠隔治療の実験は、近親血縁の思わぬつながりまで〝証明〟したのである。

●亡くなった親の名前でも可能

「……面白いのは、亡くなった親の名前を書いても『遠隔治療』はかかるんです。腰のチェックなど、亡くなった親の名前を書いてもらっても〝効果〟は出る」（同）

つまり、亡くなった親御さんの名前を入れたら、遠隔治療で息子さんが治った……。

親は亡くなった後も、子どものことを思い続ける。

「量子力学」は「霊魂」の存在すら認めている。霊は現世への思いを残したまま来世へ旅立つ。

その残余エネルギーが、遠隔治療でも働くのかもしれない。

量子〝ヒモ理論〟は対の量子がどれだけ離れていても同時変化する不可思議を証明している。

親子の情愛はまさに、これに似ているのかもしれない。

それは、男女の愛も同じだろう。

昔から似合いの男女は〝赤い糸〟で結ばれている、という。

センチメンタルでロマンティックな話だが、ありえるのかも……。

「愛」の絆《きずな》は、もしかしたら量子エネルギーの絆かもしれないのだ。

「波動水」や〝子機〟はお求めやすい

●「波動水」は自宅で大量生産

さて――。

整体師の山田氏らが〝AWG〟治療と並行して使っている「波動水」とは、いったい何だろう。

山田氏は、これまで紹介した治癒例の患者さんすべてに用いている。

この〝AWG〟「波動水」を同時に処方しているのだ。

つまり、〝AWG〟の波動と「波動水」がペアで治療効果をあげている。

山田さんに「〝AWG〟波動水って、どうやってつくるの？」とたずねたら、「これですよ」と写真1－4を示した。

「……『波動水』製造マットに市販のミネラルウォーターを置きます。そして、製造マットがない場合は、ペットボトルにパッドを貼って波動を送っています」

■「波動水」は自宅で大量に作れる

写真 1-4

〝ＡＷＧ〟の機械を購入した方は、わざわざ「波動水」を購入しなくても、自分で大量生産できるのだ。

人間は、日ごろ飲用する水の質で、体質は決定的に変わってくる。

機能水の効能を解説するまでもない。もはや生命の常識だ。

人体の七割は水である。良い水を飲めば、良い体質となる。

〝ＡＷＧ〟パッドから送られた波動エネルギーは、まちがいなく水のポテンシャルを向上させている。そして、水は「波動」を記憶している。

その波動エネルギーと、外部から施術する〝ＡＷＧ〟波動が体内でシンクロして、相乗効果を上げているのだろう。

〝ＡＷＧ〟で病気の改善を願うのは当然であるが、万能ではない。

一人ひとりのこれまでの思考パターン、生活習慣を振り返り、その人にとっての様々な気づき、学びが大切である。

〝ＡＷＧ〟は人生全般を好転させて行くうえでも役立ちそうだ。

〝ＡＷＧ〟は奥が深いので、より多く学ぶ場が必要である。

第2章　NASAを蹴った？天才研究者、驚愕の〝CMC〟療法

――炭素元素が〝意志〟を保ち、生命活動と共振する

生き物のようにクルクル成長！　ビックリ映像

●八つの高機能を保つ炭素コイル

あのNASA（米航空宇宙局）からのスカウトを一蹴した？

そんな、伝説の日本人研究者がいる。

元島栖二氏。エリートコースを蹴った武勇伝の持ち主にしては優しい温顔だ。

一九四一年、長野県生まれ。肩書きは岐阜大学名誉教授。工学博士とある。

「……名古屋工業大学大学院修士過程を経て、一九九〇年、岐阜大学に助教授として在任時、DNAと同じ二重ラセン構造をもつ特殊な炭素繊維CMC（カーボン・マイクロ・コイル）を、世界ではじめて発見。その超弾力・伸縮性・電磁波吸収性・高エネルギー性・癒し鎮痛性・美容促進性・ガン細胞増殖抑制・水素吸収性……など、合計八項目にも及ぶ高度機能を解明する」（著

■ NASA を蹴った？天才学者

写真 2-1　元島栖二博士

書『ＣＭＣのすべて』ヒカルランド、著者紹介より）
彼は現在、株式会社ＣＭＣ総合研究所の代表取締役として、日夜研究に励んでいる。
「……文部科学大臣表彰・科学技術賞をはじめとした多数の賞を受賞し、新聞・テレビなどのマスコミ報道でも、大きな注目を受ける。多種多様な分野での〝ＣＭＣ〟の実用化にも成功。現在も、主に健康・福祉・医療・介護分野でのさらなる社会還元を進めている」（同）

●ミクロ炭素コイルが勝手に成長！

二〇二三年、岐阜市にあるＣＭＣ総合研究所を訪問した。

白衣の元島氏は、穏やかな笑顔で出迎えてくれた。

「……これをごらんください」と見せられた映像に、驚いた。

それは炭素元素を電子顕微鏡で撮影した映像だ。

不思議なことに炭素元素は見事なラセン構造である（写真2-2）。

それは精巧なバネを思わせる。

それだけではない。仰天したのはこの炭素元素コイルが、まるで〝意志〟を持っているかのよ

■元素は“意識”を持っている……!?

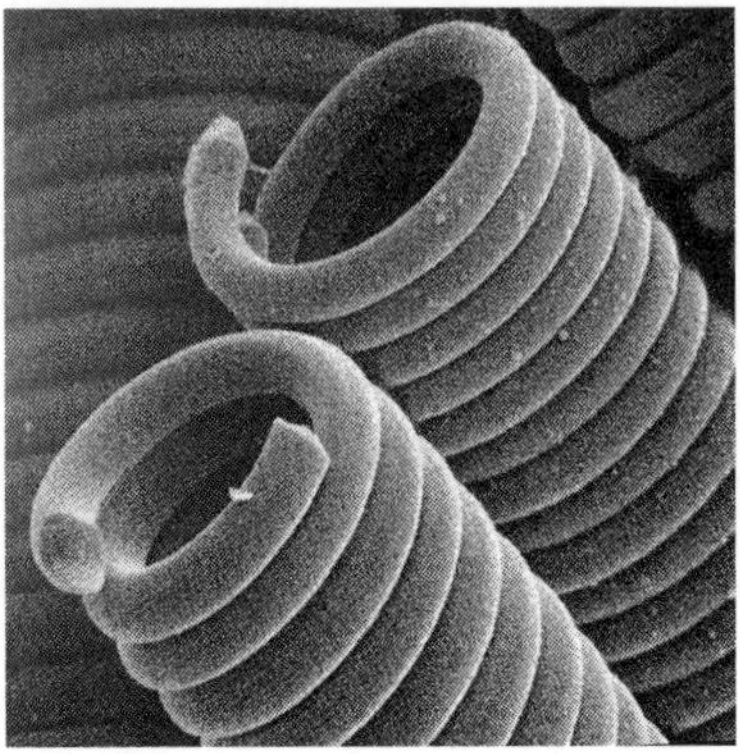

写真 2-2

うにグルグル回りながら〝成長〟していくのだ。

「……まるで生き物みたいですね！」

思わず声を漏らす。

「……そうでしょう」

元島氏は得たりとばかりに、ニッコリほほ笑む。

そもそも炭素元素は無機物だ。

それがまるで〝生き物〟のように動く。

それも、ミクロの世界で正確無比のコイル構造を、みずから形成していく。まさに、ミステリアスな映像だ。

そもそも、炭素繊維（カーボン・ファイバー）は直線構造のはずだ。

なんで、この炭素元素はクルクル巻きながら、きれいにラセン成長を続けるのか？

こんな奇妙な炭素は、見たことも聞いたこともない。

「何じゃこりゃ？」足がくがく胸どきどき

●生物の基本型ラセン構造

「……世界で初めて産み出したのが私なのです」

元島氏こそ、このクルクル炭素コイルの産みの親だった！

つまりは彼の〝発明品〟。初めて見るのも当然だ。

地球上で存在するのは、この岐阜県の小さな研究所のみ。

元島氏は「カーボン・マイクロ・コイル」を、「ヘリカル炭素」と命名した。

〝ヘリカル〟とは〝ラセン〟のこと。つまり、ラセン構造炭素という意味だ。

自然界では、ラセン構造はよく見られる。

たとえば、ツル植物の成長は、まさにラセン構造ものものだ。

棒などがあると絡《から》み付き、見事なラセン構造を構成する。

絡み付く先がなくても、やはりツルはラセン構造をつくって垂れ下がる。

いうまでもなくDNAも二重ラセン構造だ。

つまり、ラセン構造は生命構成の一つの基本形と言える。

しかし――。炭素は無生物だ。無機質の炭素元素がどうしてクルクルとツル植物のようにコイルを形成するのだろう？　それも、電子顕微鏡の動画では、寸分の狂いもなく、まるで〝工業原料〟のような炭素コイルを完成する。

られている。

●産まれて初めての驚愕体験

偉大な発見には、必ずきっかけがある。

元島氏の著書『驚異のヘリカル炭素』（CMC技術開発株式会社）には、以下のように、つづられている。

……一九八九年、卒業論文に向けての研究も終盤に差し掛かっていた頃、実験室へ研究の進み具合を見に行った。

そこで、学生の中の一人が、何気なく見せた一枚の写真。この写真に、眼が釘付けになった。これまでに見たことも、想像すらしたこともない。特異形状のセラミックス・ファイバーがあったのだ。スプリングのようにクルクルと巻いている。大きさはμm6オーダー。マイクロコイルだ。岐阜大学に着任（一九七一年）以来、二〇年近く、CVD（化学気相析出）法を用いたファイン・セラミックス結晶の合成を行い、何千枚という写真を撮ってきた。しかし、スプリング状に巻いた結晶は見たことがなかった。

また、文献にも、ほとんど掲載されていなかった。

その写真を見たとたん、全身に電流が走ったようで、足はがくがく、胸はどきどき、なぜか、理由は分からない。〈引用以上〉

●誰も見たことのないラセン構造

「これは、いったい何だ！」

思わず元島氏は、大声で叫んでいた。学生はビックリ。叱られたと思い、こう答えた。

「……すごい面白い形のファイバーができたので、写真を撮りました」

元島氏は、さらに叫んだ。

「す、すぐにサンプルを出しなさい！」

ふだん温厚な教授の興奮ぶりに、周囲はア然となった。

サンプルを受け取ると、はやる気持ちを抑えて、愛用の電子顕微鏡を覗き込む。

「……出てきた、出てきた。続々とダイヤモンドが、ゾロゾロと現れた。それから、一週間近く、時間のたつのも忘れ、無我夢中で写真を撮り続けた。いろいろなポーズをとって、ほほ笑んでくれるスプリング状の窒化ケイ素マイクロコイルに、電子顕微鏡の前で、ワクワク、ドキドキ、一人感動を覚えながら……。と同時にいろいろな可能性が頭に浮かんできた」（元島氏）

未知の発見に興奮する元島氏の姿が彷彿《ほうふつ》とする。

●世界中で新発見に話題沸騰

彼が夢中で撮りまくった電子顕微鏡写真は、アメリカでも大反響を呼んだ。

アメリカ物理学界の学会誌、さらには権威ある『Ｎａｔｕｒｅ』にまで掲載（写真2-3）。

■画期的発明！無機物ラセン状結晶に騒然（『Nature』）

Ceramic microcoils sprung for action

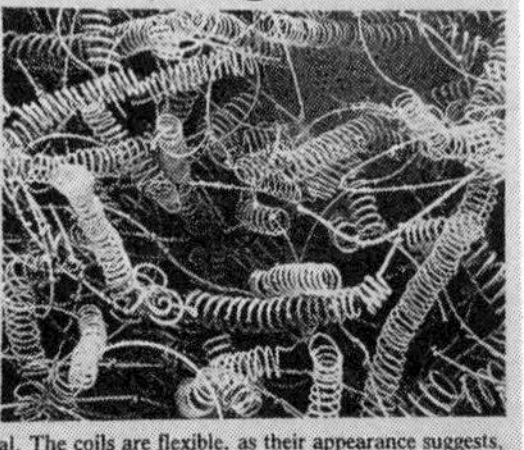

THESE are not rusting parts of defunct cars, but rather microscopic coiled fibres of Si_3N_4 grown by Seiji Motojima and colleagues of Gifu University, in Japan (*Appl. Phys. Lett.* 54, 1001–1003; 1989). The fibres were grown by chemical vapour deposition on graphite painted with iron. The coiling was completely unexpected and did not occur with other substrate paints. Coiling seems to be best with fibres 0.5–1.0 μm in diameter, those less than 0.1 μm not coiling at all and thicker ones (3–5 μm across) coiling irregularly, with a narrow pitch or as a spiral. The coils are flexible, as their appearance suggests, being extendable to three times their normal length. They are readily detached from the substrate, stable at high temperatures and resistant to corrosion, so that many uses can be imagined: as flexible packing material in harsh environments or flexible microfilters, for example. (The figure is 135 μm across; courtesy of S. Motojima). □

NATURE · VOL 339 · 18 MAY 1989 179

写真 2-3

反響は世界中の科学界に広まった。

「……人類がミクロのセラミックス・スプリング合成に成功！」

これこそ、世界初の大発見だった。

なぜ、世界は騒然となったのか？

それは有機物（生物）ではラセン状構造は普遍的に存在する。しかし、無機物（鉱物など）で、ラセン状結晶は、それまで観察されていない。

ほんらい生命体でない無機物が、まるで生物のようなふるまいでラセン構造を生成することに、研究者たちは驚嘆したのだ。

多様な特性は新ビジネスチャンスの宝庫

●コイル形状が個性を生み出す

コイル状セラミックの発見に続き、一九九〇年、元島氏は世界で初めて炭素元素〝CMC〟を発見する。アセチレン分解生成物中に、カーボン・マイクロ・コイルの存在をつき止めた。

研究者たちが、このミクロのコイル発見に興奮したのには訳がある。
それまで炭素繊維といえば、まさに繊維状であった。
それは、アクリル繊維やピッチを原料に高温で炭化して生成される。
カーボン・ファイバー（炭素繊維）は鉄より軽く、強い。
そのことから、様々な工業原料に用いられている。
しかし、元島氏たちが発見したＣＭＣは、形状がまったく異なる。
まるで精密に設計したかのようなコイル状なのだ。
それがキモだ。研究者を驚かせたラセン構造こそ、新たな特性と用途を生み出すのだ。

●〝意識〟の量子波に感応

この特異な形状は、他の炭素繊維とはまったく異なる性質を持っている。
「……驚異の炭素繊維が未来を開く！　電磁波・５Ｇ・地磁気、水の活性化、デトックス、生命力のアクティブ化まで――無限の可能性を秘めた次世代素材」（『ＣＭＣのすべて』前出）
直線状の繊維でなくラセン状だと、どのような特性があるのだろう？
「それは、宇宙からのかすかな信号をとらえ、電子器機からの不要電磁波を吸収する。さらに、人間の意識と相互作用する」（元島氏）
……「人間の意識と相互作用」という指摘に、興味を引かれる。

「量子力学」では、〝意識〟は量子波と考えられている。

だから〝CMC〟は、〝意識〟の量子波に感応する、ということになる。

その他、〝CMC〟の用途としてマイクロ波吸収、発熱材、さらに化粧品、高感度触媒、近接センサー、人間感覚をもつ人工皮膚……など、多岐にわたり数えきれない。

〝CMC〟を原料にする。それだけで、一つの巨大産業が産まれそうだ。

つまり、ビジネスチャンスの大宝庫なのだ。

元島氏たち研究チームは、試行錯誤をくりかえし、〝CMC〟製造方法を模索してきた。

そして、もっとも製造効率のよい第七代目製法に到達している（出典『驚異のヘリカル炭素』）。

米軍からCMC五トン発注！　ステルス戦闘機用

●電磁波吸収率、驚異の九九％

〝CMC〟の用途――。
炭素繊維のマイクロコイル形状は、これまでになかった超高性能を発揮する。
①電磁波吸収材：電磁波公害は、いまやあらゆる所に及んでいる。
ミクロのラセン構造は、効率よく有害電磁波を吸収する。その吸収率は九九％と驚異的だ。

元島氏ら研究チームが〝CMC〟の九九％という電磁波吸収率を発表した直後、米軍から〝C

ＭＣ〟五トンという仰天注文が舞い込んだ。とても生産能力がないので丁寧に断った、という。

これは、まちがいなくステルス戦闘機用だ。

このステルス性能は、レーダーのマイクロ波を吸収する特殊塗料にかかっている。

ペンタゴン（米国防総省）は、〝ＣＭＣ〟の電磁波吸収性能に眼を付けたのだ。

ここで納得がいった。元島氏がＮＡＳＡから研究者として招聘《しょうへい》されたという噂《うわさ》の理由がわかった。

ＮＡＳＡ（米航空宇宙局）は、表向きは宇宙研究機関である。しかし、その正体は、ペンタゴン管轄下にある〝軍事組織〟なのだ。同様の軍事開発部門が、ＤＡＲＰＡ（国防総省計画局）だ。

〝かれら〟はＣＭＣの九九％という電磁波吸収性能に着目し、ステルス戦闘機の電磁波吸収塗料に応用しようと、五トンという仰天注文を発注してきた。そして、技術の発明者元島氏を丸ごと抱え込もうとした。しかし、ペンタゴンやＤＡＲＰＡの名前を出すと警戒される。そこで、ＮＡＳＡからの招聘……というポーズをとった。

これが、わたしの推理である。当たらずとも遠からずだろう。

「元島さんは行かなくてよかったですよ」と消息通は言い切った。

「ＣＭＣの技術だけ盗られて消されたかもしれませんよ」

超先端技術には、きな臭い危険もともなう。

やはり、元島氏が岐阜にとどまったのは正解だったようだ。

●人工皮膚・筋肉、ロボットに最適

②人工皮膚：人間の皮膚感覚を持つ人工の皮膚が開発可能となる。

〝CMC〟を活用すると、高精度の触覚センサー開発が可能となる。

触覚などで人間と同等の〝皮膚感覚〟をもつロボットの製造が可能となるのだ。

すでに、イーロン・マスク率いるテスラは、世界に先駆けて人造ロボット〝オプティマス〟の開発を進めている。〝CMC〟人造皮膚は、テスラロボットの製造には不可欠な素材となるだろう。

③人工筋肉：これもロボット開発に応用できる。

「〝CMC〟に低周波の電界を加えると、〝CMC〟のキラリティ（巻き方向）に依存して伸縮する」「これを束ねることにより、人工筋肉に応用できる」（『驚異のヘリカル炭素』前出）

④化粧品：カーボン・マイクロ・コイルと女性用化粧品、なんのつながりもなさそうに思える。

『驚異のヘリカル炭素』（前出）によれば「表皮細胞の再生・若返り効果が発見された」「皮膚の弾力を保つコラーゲン生成促進効果を確認」「安全性に優れる」など、三つの研究成果がある、という。

〝CMC〟は炭素素材なので、他の化粧品原料の化学物質より安全性が高いのはいうまでもない。

⑤水素吸収材：〝CMC〟は、そのマイクロコイル構造で、大量の水素を吸収する。

単位重量あたりの吸収量（エネルギー密度）も、はるかに優れる。

水質活性、ゼロ磁場、癒し、若返り……次々に奇跡

●素材は炭素なので実に安全

⑥ガン治療薬：〝CMC〟は、皮膚にケロイド症状をもたらす繊維芽細胞の増殖を著しく抑制する作用がある。ケロイド根本治療に、〝CMC〟は光明となっている。

また、〝CMC〟はガン細胞の増殖を著しく抑制する効果が実験で証明されている。

〝CMC〟成分は、純粋な炭素で人体には無害だ。

猛毒化学物質の抗ガン剤より、はるかに安全であることは、いうまでもない。

⑦癒し効果：「〝CMC〟を練り込んだ繊維や紙に触れた状態で脳波を測ると、緊張状態ベータ波から、リラックス状態のアルファ波に変化する」（『CMCのすべて』前出）

つまり、〝CMC〟素材には明らかに癒し効果がある。

⑧治癒パッチ：「〝CMC〟製品を肩や背中につけて赤外線サーモグラフで測定すると、血流が促進され、その部分の体温が上昇する様子が確認できる」（同）

⑨〝ゼロ磁場〟生成：「CMC総合研究所には、CMC材料を二〇kgほど保有しており、この影響で地磁気が国内最高の七八〇mG（ミリガウス）まで上がっています」（同）

伊勢神宮などの神社は、いわゆるパワースポットと呼ばれる。これらの土地は、〝ゼロ磁場〟

地域として知られる。これは、磁場がゼロという意味ではない。
コンパスのN極、S極の地球磁気を打ち消すほど地磁気が強い土地を指す。
このような土地は、古来からパワーがあり、イヤシロチと呼ばれてきた。
ぎゃくにジメジメして地磁気が弱い土地は、ケガレチとして忌み嫌われてきた。
〝CMC〟は地磁気パワーを上げる。
そのことが、CMC総合研究所の測定データで証明されたのである。

⑩水質活性化：「CMCはゼロ磁場を発生させる作用がある。そのためCMCビーズを入れた水も、その波動が伝わって『ゼロ磁場水』となります」「塩素が出している波動は生体にマッチングしていない」「水道水にCMCビーズを入れると、塩素のネガティブ波動がだんだん変調されていきます」（同）

⑪テロメア値アップ：テロメア値は別名〝命の回数券〟。テロメアは染色体末端の組織で、その値は細胞の寿命を表し、加齢・病気で低下する。値が低いほど短命となることが証明されている。

見よCMCデトックス！　ガン劇的に消滅！

●〝体毒〟を抜けばガンも消える

万病の元は〝体毒〟である。東洋医学は、約五〇〇〇年前からこの真実に気づいていた。

他方、西洋医学は、いまだ「病気の原因は謎である」と平気で言う。

この病因論ひとつとっても、東洋医学のほうが西洋医学より、はるかにすぐれている。

病気の原因は〝体毒〟である。なら、その〝毒〟を抜けば病気は治る。

だから「断食は万病を治す妙法」なのだ（ヨガの教え）。

私の師匠である森下敬一博士は、「ガンは血液の浄化装置」と喝破していた。

つまり、〝体毒〟が体中を汚染して最後に血液を汚すと、敗血症という最悪事態に陥《おちい》る。

これは血液が腐敗する病気で、発症すると一〇〇％助からない。

だから、最悪事態を避けるために、身体はもっとも弱った臓器を犠牲にする。

これを〝毒溜め〟として体内の〝毒〟を集め、血液を浄化するのだ。

まさにガンは、患者の最終的な延命装置でもあるのだ。

●水銀排毒でガンも消滅

「……CMC総合研究所が主宰するヘリカル統合医療学会では、飲むスーパーデトックス材として『CMCカプセル』の開発を進めています」「すでに実用化されている他のCMC商品に比べても、『CMCカプセル』の水銀デトックス能力には目覚ましい効果があります」（『CMCのすすめ』）
図2-4は、「CMCカプセル」服用により、〝体毒〟デトックスと共に、ガンも急激に縮小す

■ CMC は “体毒” をゼロにしガンも “消滅”

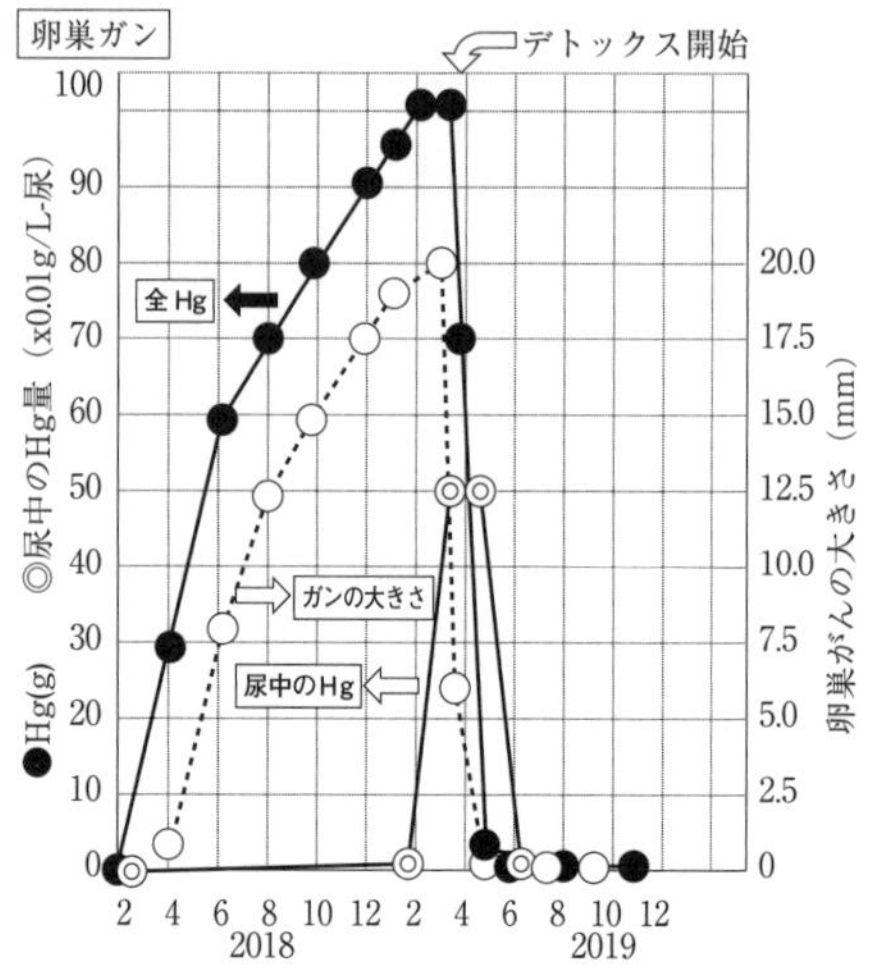

図 2-4

ることを示す。

水銀は、典型的な〝体毒〟だ。

それが抜けるとガンも劇的に縮小している。

ＣＭＣカプセルの服用で、みるまに水銀値もガンの大きさも、劇的に小さくなっている。

「……その一方で、デトックス開始直後から尿中の水銀共鳴値が上昇したのです、一か月ほど尿によって水銀が排出されたのかもしれません。体内の水銀共鳴値が◯gとなったと同時に、実際のガンも消失した」（『ＣＭＣのすすめ』）

水銀が排毒されたなら、他の〝体毒〟もデトックスされたはず。

もはや、〝毒〟のゴミ溜めであるガンも存在理由がない。

だから、体内の水銀減少と比例して、ガンも急激に消失しているのだ。

ＣＭＣガン消去療法――おそるべし。

●古来からの〝炭療法〟復活

抗ガン剤は超猛毒だ。それにたいし、CMCは炭素で超安全だ。

一九九〇年、アメリカ政府調査機関OTAが「抗ガン剤は有毒で無効」と衝撃報告を発表した（OTAリポート）。

以来、欧米医学界では抗ガン剤使用が激減した。それに伴い、欧米のガン死者は減少している。

しかし、日本だけはロケットのように激増している。その理由はかんたんだ。

欧米で売れなくなった抗ガン剤が日本になだれこんで、ガン患者に打ちまくられている。

だから、ガン死がウナギのぼりなのは当然。

この犠牲者たちはガンで死んだのではない。抗ガン剤の超猛毒で毒殺されたのだ。

全国の医療機関は、抗ガン剤の代わりにCMCカプセルを投与すべきだ。

その劇的なデトックス効果で、ガンも急速に排毒され、消えていく。

CMCは炭素繊維なので、まったく人体に無害だ。

そういえば、古来から東洋医学で「炭療法」なるものがあった。

これは、木炭などの粉末を飲用するもの。炭の吸着性能を利用する。

体内の毒素を速やかに吸着させ、体外に排泄させる。きわめて理にかなった治療法だ。

CMCは、さらにミクロのラセン構造なのだ。その吸着性能は木炭よりはるかに優れるだろう。

CMC療法は、ある意味で古来からの〝炭療法〟の復活といえる。

「宇宙」の存在は、すべて「波動」である

●「波動」の持つ八つの性質

炭素ミクロコイル（CMC）は、「波動生理学」とも関連する。

元島氏も、「波動」を深く考察している。その性質を、解りやすく解説している。

①同じ「波動」は引き合う　（共鳴・共感）
②異なる「波動」は反発する（排斥・相殺）
③発した「波動」は戻る　（反射・因果）
④「波動」には優劣ある　（優位・制御）
⑤「波動」は共鳴する　（共感・親愛）
⑥意識は「波動」である　（物質にも意識）
⑦「波動」は現実化する　（引き寄せ）
⑧「波動」と病原菌の反応　（感情に共鳴）

●物質にも意識は存在する

これらは、「波動生理学」の根本理論でもある。

とくに⑥意識は「波動」である――は興味深い。

元島氏は「物質にも意識があるのでは？」と推測している。

「……人の意識は、物質にも伝わり、物質もまた、それに反応するともいわれています。たとえば、いい加減な気持ちで機械を扱うと、事故が起こったり、うまく動いてくれなかったりする。思うとおりの製品ができない。石や構造物などにも意識があるのでは、と思わざるを得ません」

(『CMCのすすめ』)

現に、元島氏は炭素のマイクロコイル観察を続けるうちに「炭素元素が〝意志〟を保ち、生命活動と共振する」現象を観察している。

物質の意志――これは、最新の科学、「量子力学」の問いでもある。

量子論は――**意識とは量子波である**――と解明している。

そして、最先端の「超弦理論」は、量子は素粒子でなく〝ヒモ〟である、と結論づけている。

つまり、量子の正体は、量子波（振動ヒモ）なのだ。

さらに、思索は深まる。

宇宙空間は量子波に満ちている。

意識が量子波なら、宇宙空間にも〝意識〟が存在することになる。

「全ての存在は波動である。いかなる物質も存在しない」（マックス・プランク）

「量子力学の父」の箴言《しんげん》は、意味深だ。物質に見える物は、実は波動（量子波）にすぎない。

なら、物質にも意識は存在することになる。

●他者や未来を〝引き寄せる〟

⑦「波動」は現実化する。これは、「引き寄せ」の法則である。

良い言葉を口にすると、良いことがおこる。悪い言葉を口にすると、悪いことがおこる。

これは、よく知られる「波動」の原理である。

「波動」は共鳴する同周波数の「波動」を求めるからだ。これが、「波動」の〝本能〟である。

これは「思考は現実化する」と解明したナポレオン・ヒルの名著『成功哲学』に通じる。

古今東西の「成功者」は、なぜ成功したのか？　ズバリ、『秘密《シークレット》』と題するドキュメント映画が人気を呼んでいる。やはり、そこに通じるのは「量子力学」による〝引き寄せ法則〟だ。

良い未来を思えば良い未来が訪れる。悪い未来を思えば……これから先はいわずもがな。

引き寄せは、他者にも及ぶ。

ある人を思っていると、その人から電話があった……などがそれだ。

それを解明するのが〝ヒモ理論〟〝テレポーテーション〟現象だ。

意識の量子波は「量子もつれ」の〝ヒモ理論〟により、一瞬で地球の裏側でも同時反応する。
このように、引き寄せは、他者や未来を〝引き寄せる〟のだ。

〝存在〟の本質を知る「波動共振法」（バイオレゾナンス）

●〝物質〟の正体は〝波動〟だ

「……最先端の『量子力学』と『超弦理論』の教えるところによれば、この世のすべての物質、非物資、現象は、固有の振動数・波形で絶えず振動しています。その固有振動の共振・共鳴現象の度合いで対象物の状態を測定するのが、『波動共振法』です」（元島氏）

つまり、この世に〝物質〟は存在しない。あるのは〝振動〟だけだ。

目の前に見える森羅万象は、個々の〝振動〟が作り出した映像にすぎない。

だから、目の前の〝物質〟を理解するには、その映像は一種の〝幻〟であるととらえなければならない。

万物の存在の本質である〝振動〟は、「周波数」「強度」「波形」をもっている。

〝物質〟（波動）の本質を知るには「周波数」「強度」「波形」を知る必要がある。

それを可能にするのが、「波動共振法」なのだ。

●ダウジングとは「波動共振法」

「波動共振法」は、人類が経験的に用いてきた方法にも、潜《ひそ》んでいた。

そのひとつが、ダウジングだ。

「……発信された波動の振動数が同じ場合には『互いに震え合う』という波動の共振・共鳴現象は、古くからダウジング法として知られる」(元島氏)

これは、「地中探査法」として、地中に隠れた水源、水脈、鉱脈、油田などを探し当てるのに使用されてきた。

「……この方法では、水脈、鉱脈がある場所の上に到達すると、手にしたロッドが突然、自然に動きだし、その存在を教えてくれる」(同)

じっさい、ロッド(L字金棒や木枝など)を両手に持って地表を進む。

水脈、鉱脈の上にさしかかると、棒がくっついたり、枝が動くなど不思議な現象が起きる。

これらは体験的に伝えられ、世界各地で独自に行われてきた。

●人体が〝センサー〟となる

当然、〝先進的〟な人々は、これを迷信と嘲笑した。指さして冷ややかに笑う。

このダウジングの不可思議な現象に着目した人物がいる。

ドイツの研究者プスル・シュミットである。

彼は、もともとは土壌掘削機器の開発者である。

それが、「波動」の共振・共鳴現象に気づき、それを健康分野へ応用する道を開いたのだ。

土木技師が「波動医学」にめざめたという変わり種だ。

「……ダウジングに興味を抱いたシュミットは、ダウザー（ダウジング専門家）が手にもつロッドが自然に動き出すのは、地中に隠れている鉱脈・水脈・断層などが発する波動（振動）によるものである、と確信した。試行錯誤の結果、シュミットは、その波動をとらえることに成功して、独自のバイオレゾナンス法（生体共鳴法）を開発。彼によれば、地形には、それぞれ基本周波数がある。彼はそれらに、地下水脈64、断層14……とコード番号を割り振った」（『ＣＭＣのすすめ』要約）

では――。なぜ、これら水脈、断層などの上に来たとき、両手にもつロッドが回転するのか？

シュミットは考えた。「健康な人は、そこに生命エネルギーが渦巻いているからだ」

彼はそれを、古代インドから伝わるチャクラにたとえる。

つまり、地中の水脈、鉱脈などから発する波動エネルギーに人体の波動（渦）が反応する。

そのためロッドも反応する。

つまり、人体そのものが〝センサー〟となる。

これが、バイオレゾナンス原理だ。

進化したダウジングと〝Oリング・テスト〟

●最新のCMCセンサー

しかし、金属棒や木の枝では、あまりに原始的だ。

最新のバイオレゾナンス測定法では、ラセン状アンテナのついた金属製ロッド（波動センサー）を用いる。

そうして、元島氏は現代版ダウジングによる検査法を開発した。

名付けて、CMC「波動共振」センサーだ。

「……このロッドは、複数の物質間の『波動共振状態』のほか、人体の健康状態を調べることができます。センサーを健康な人に近づけると、先端が自然にクルクルと回転します。一方、被検者に何らかの異常がある場合には、回転ではなく、左右または上下に直線的に振動します」（元島氏）

まさに現代版ダウジング。一般的には〝おまじない〟と同一視されている。

はたして……理論的な裏付けはあるのだろうか？

●健康、不健康も瞬時に判る

元島氏は「……脳の高度メモリー、識別力を利用して、原理的に分子一個でも検出・識別可能な超性能をもつ」という。

具体的なメカニズムは――。

「……人類の長い進化の過程で蓄積されてきた脳内の膨大なデータと照らし合わせて、身体によいものか悪いものかを脳が瞬時に判断する」「その結果が、微細な皮膚振動（約一〇Hz）として腕を通して手首に伝わり、センサーの先端に動きを発生させる」（元島氏）

ＣＭＣセンサーのロッド先端が、丸を描くときと、直線を描くときの違いはなんだろう？

「波動共振があると回転運動、ないと直線運動となります」（同）

前者は「心身に異常なし」「その物質が身体に良い」。

後者は「心身に異常あり」「その物質が身体に悪い」。

じつは、わたしもＣＭＣ研究所でこの〝診断〟を受けた。

その結果は――。「一〇〇％、完全健康です！」と元島氏は晴れやかな笑顔とともに、告知してくれた。この日、気分がよかったのは、いうまでもない。

●〝Оリング・テスト〟の謎

もう一つ似た〝診断法〟に、〝Оリング・テスト〟がある。

■筋反射テストには「幽体」が関与している

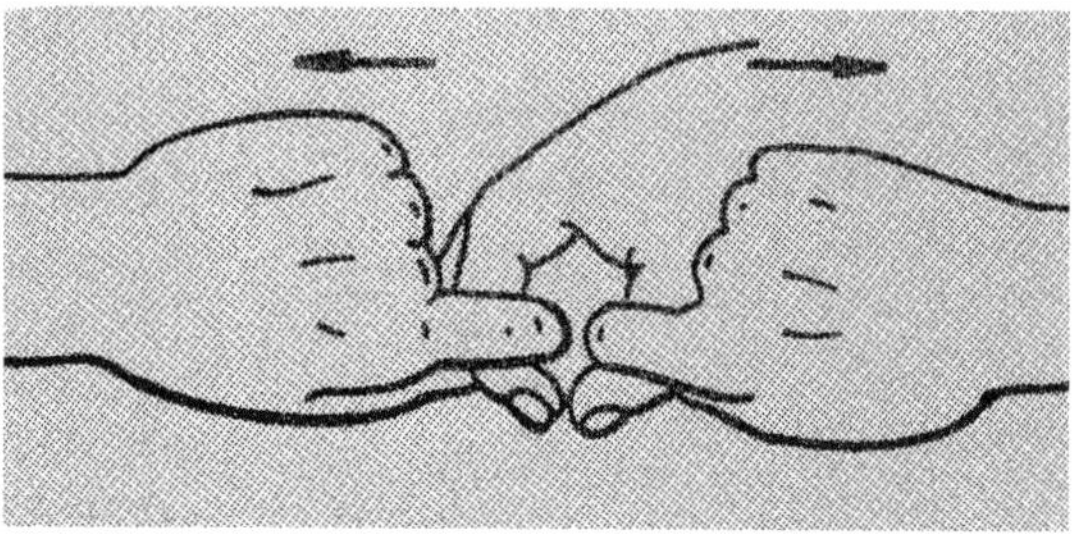

写真 2-5　O リング・テスト

別名、〝筋反射テスト〟。左手に検査物を置く。そして、右手の親指、人差し指で〝Oリング〟をつくってもらう。

検査物が安全なものだったら〝Oリング〟は両側から引っ張っても開かない。

しかし、有害だったら、いともかんたんに開いてしまう。

不思議というしかない。

「右手を前に出す」「後ろ手に組む」など、この筋反射テストには応用編もある。

しかし、結果は同じ。

「オカルトだ！」と絶対信じない研究者もいる。

わたしは、「危険」「安全」の判別に、第二の意識層「幽体」が関係していると理解している。

それが、第一の意識層「肉体」の筋肉に、情報を伝えているのではないだろうか。

第３章　つぎつぎ登場！　奇跡を起こす「波動医療」装置

――〝電磁ストレス〟ゼロ！　生命エネルギー増強！　〝自然音〟で天才！

職場・学校のＰＣ電磁波疲労を消し去る〝ＥＭサーキット〟

●ＰＣ、ｉＰａｄで疲れる、キレる

いまや、ＰＣ（パソコン）やタブレットは、現代人には不可欠となってしまった。

一日中、職場でＰＣに向き合って作業をする人たちも実に多い。

それどころか、小学校でもタブレット授業が必須とは……！

ところが、そんな教室内で不調を訴える子どもたちが急増している。

矢山利彦医師（矢山クリニック院長）は、児童たちの健康状態を憂える。

「……学校でタブレット導入。教室には強力Ｗｉ－Ｆｉが通ってる。子どもたちがｉＰａｄを使いだして『元気がない』『すぐキレる』と証言した先生も『具合が悪い』と言う。『どうも、タブレットがよくないらしい……』。小学校の先生たちは、皆、同じことを訴えています」

子どもや教師たちはＷｉ－Ｆｉやタブレットの有害電磁波を日々、浴びている。

自然療法の権威でもある矢山医師は、「なんとかなりませんか？」の相談を受け、一考――。

「日本人の脳が子どもから狂ってきとる。えらいこっちゃ。ボクは電磁波のことを研究してましたからね。とにかく医者も机の上でＰＣ使ってる。そして『頭痛い』という。そんなドクターけっこうおる。なんとかせにゃいかん」

それで、色々な装置を探した。しかし、電磁波を〝ブロック〟する機械は色々あるが、電磁波を〝いいもの〟に変える、という機械はない。

●有害電磁波「改変」！〝ＥＭサーキット〟

なら――自分で造るしかない。

「……ボクは〝プラズマ・パルサー〟（後述）という医療機器で高周波を七〇〇〇回ほど臨床使用しています。これは、細胞内エネルギー増幅装置で特許も取っています。ＡＴＰというエネルギー産生を活性化する。機械でエネルギー増強ができた。これも驚天動地。『電磁波は悪者』というのも解るけど、〝いいもの〟もある。きれいな波動ですね。そこで、〝悪い〟ものを〝良い〟ものにできないか、と研究し始めたのがきっかけです」

■パソコンなどの電磁波消して疲れ知らず！

写真 3-1

■母なる“地球のささやき”は生命の源だ

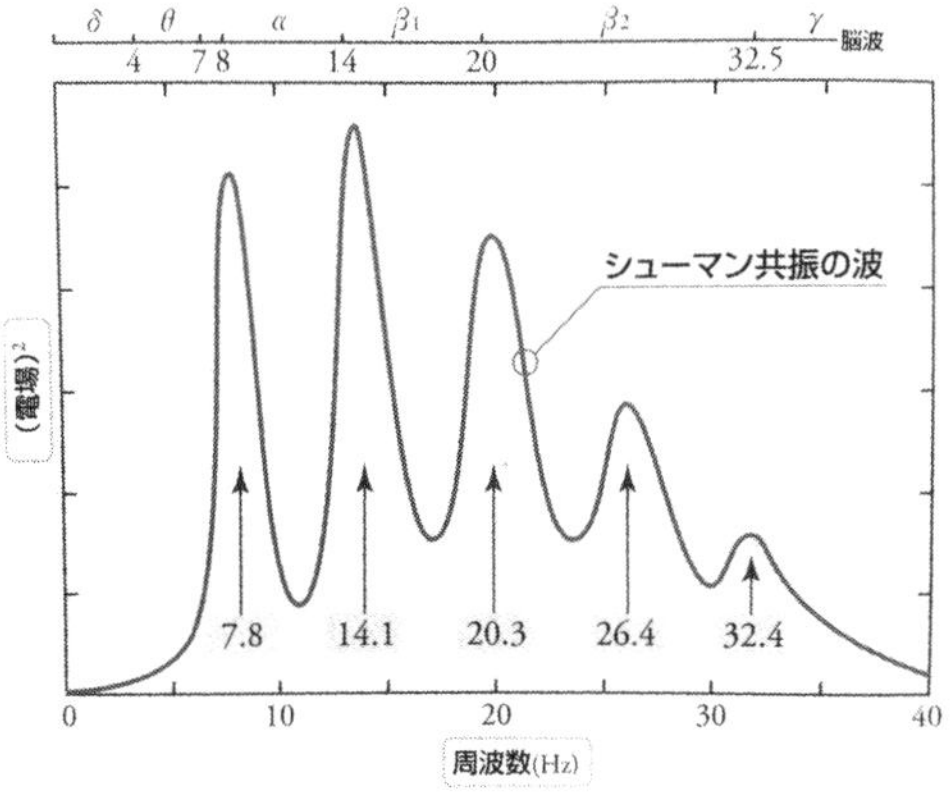

図 3-2

開発着手が二年ほど前。それで完成したのが「有害電磁波『改変』装置」。

製品名は〝ＥＭサーキット〟（写真3―1）。

ちょうど名刺サイズの大きさ。金色の紋様は、矢山医師が「龍をイメージして描いた」という。

これを使えば、ＰＣやｉＰａｄ作業の「疲労」「ストレス」を低減できる。

「……メカニズムは、〝ゼロ磁場回路〟を想像してください。ようするに、電磁波を打ち消し合うような形で流す。凹と凸で打ち消す。電気カーペットで『電磁波が出ない』ものありますね（エレクトロラックス社製）。同様に、双方向コイルに電気を通す。すると、電磁波は打ち消し合う」

電磁波の消去方法で、逆方向に電流が流れる電線をねじり合わせるテクニックがある。

「……それに、地球の〝シューマン共振〟を乗せた。その仕組みで電流を通してやる。すると、ＰＣとかスマホなどから出る電磁波が、体にとって〝悪くない〟電磁波に変わる」

〝シューマン共振〟は、別名〝地球のささやき〟。何億年も古代から地球表面で振動している固有波動だ（図3-2）。五つピークの超低周波。この波動は、地球上のあらゆる生命体の基本波動となっている（ヒトの脳波は五つのピークで区分される）。

●あらゆる電磁波被害を減らす発明

矢山医師は、独自の「波動」診断装置〝ゼロサーチ〟を開発している。

これは、〝Oリング・テスト〟に通じる。患者の体に〝良いもの〟〝悪いもの〟を瞬時に判定できる。これが〝EMサーキット〟の効果測定にも威力を発揮した。

「……これで、生体に与える影響をすぐに診《み》れる。だから、開発スピードがものすごく早まった。実験結果がその場でわかる。〝ゼロサーチ〟があると、新しい漢方薬を創ったり、新しい治療法を開発するときに、体がOKを出すかどうか、すぐに判ります」

こうして、〝EMサーキット〟は予想以上のスピードで完成した。

電磁波公害は、身の周りにあふれている。

しかし、それを減らしたり、消滅させたりする装置は見当たらない。

「……〝EMサーキット〟を大型にすれば、ハイブリッド・カーの電磁波ノイズも減らせます。たとえば、プリウスに乗ってる人で、アトピーが悪化した人に試作品を使ってもらったら、『運

転しても疲れない』『体調が良くなった』『アトピーも軽くなった』という」（矢山医師）

もはや、電磁波抜きに文明は成り立たない。

「……だから、電磁波を〝いいもの〟にする技術が求められる」（同）

有害電磁波を出す電流をゼロ磁場回路に通し、それに〝シューマン共振〟を加える。

この発想がポイントだ。

「……電子工学的に、本体基盤の中にゼロポテンシャルの素材を組み込んでいます。地球の電気信号を研究してできたチップを使用し、電気的な信号を微弱な振動に変えて空間中に出力します。電磁波ノイズをキャンセルし、地球の持つ電気的エネルギーを体の中に取り込みやすくします」

（製品説明より）

●七七％に電磁波過敏が減少した

「……電磁波対策グッズは色々あるけど、測定データを出している物は、ほとんどない」

矢山医師は、〝ＥＭサーキット〟を一〇〇人のモニターで試用してもらった。

「明らかに自覚症状が改善しています」（矢山医師）

図3-3は、「呼吸が深く入るか？」のアンケート結果。五四人が「よく入る」と回答。

電磁波過敏症の「症状リスト」（表3-4）。これら症状が「どれだけ減ったか？」を示す図3-5では、七七％が「症状が減った」と回答している。

■ "EM サーキット" で呼吸が楽になった

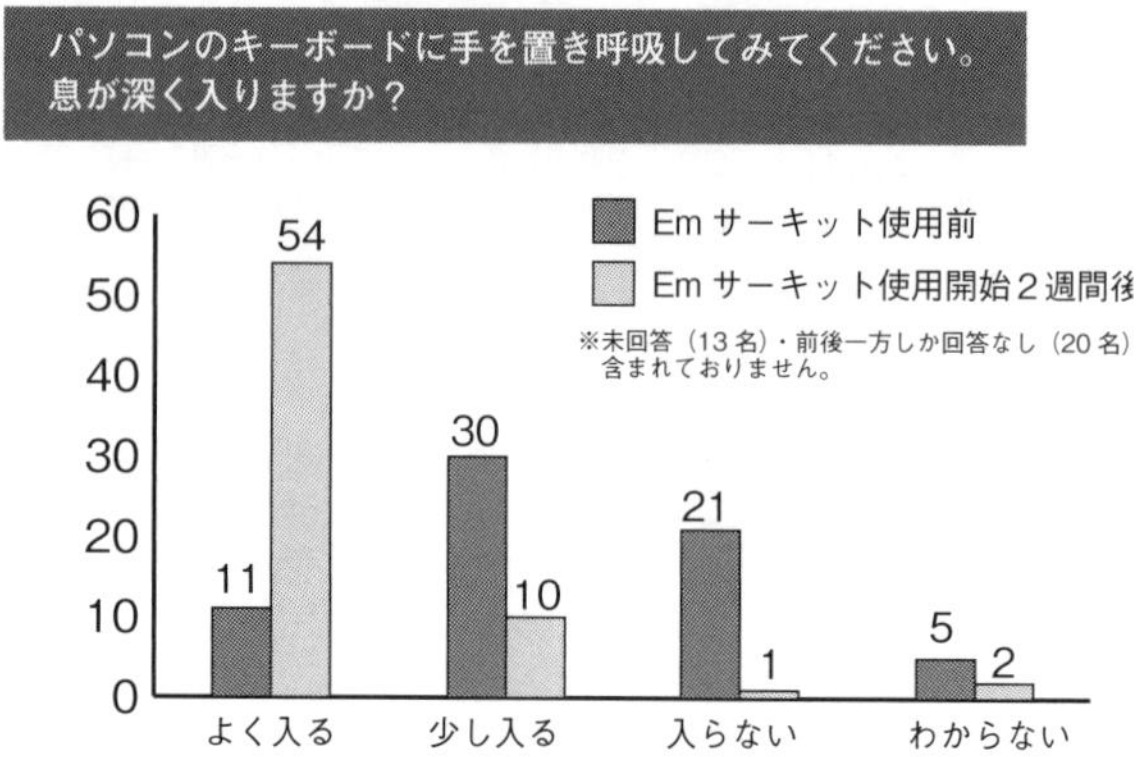
パソコンのキーボードに手を置き呼吸してみてください。
息が深く入りますか？
Em サーキット使用前
Em サーキット使用開始２週間後
※未回答（13 名）・前後一方しか回答なし（20 名）含まれておりません。
60
50
40
30
20
10
0
11
54
30
10
21
1
5
2
よく入る
少し入る
入らない
わからない

図 3-3

■頭痛、めまい、意外に多い「電磁波過敏症」

頭	頭痛、記憶喪失、うつ症状、焦り、倦怠感
顔	火照り、むくみ、水疱、異常な乾燥、ピリピリ感などの症状
目	視力低下、目の痛み、目の疼きなどの症状や乾燥
耳	耳鳴り、耳詰まり、超音波音（キーンという音）、鼓膜の痛みや幻聴
鼻	鼻づまり、鼻水などの症状
口	血の味が口中に広がる、口内炎や渇きなどの症状
歯	歯や顎に激痛が走る
皮膚	異常な乾燥、肌荒れやできもの、乾燥、赤みやピリピリとした症状
目眩	立ちくらみや気を失うほどの目眩やそれに伴う吐き気
関節	肩こり、首の痛み、腕や膝などの関節痛
呼吸	呼吸困難やそれに伴う動悸
疲労	不眠や過剰な睡眠、異常な疲労やそれに伴う集中力の欠如
痺れ	腕や足の痺れや麻痺

表 3-4　電磁波過敏症の症状リスト

■ 77%が“EM サーキット”で楽になった

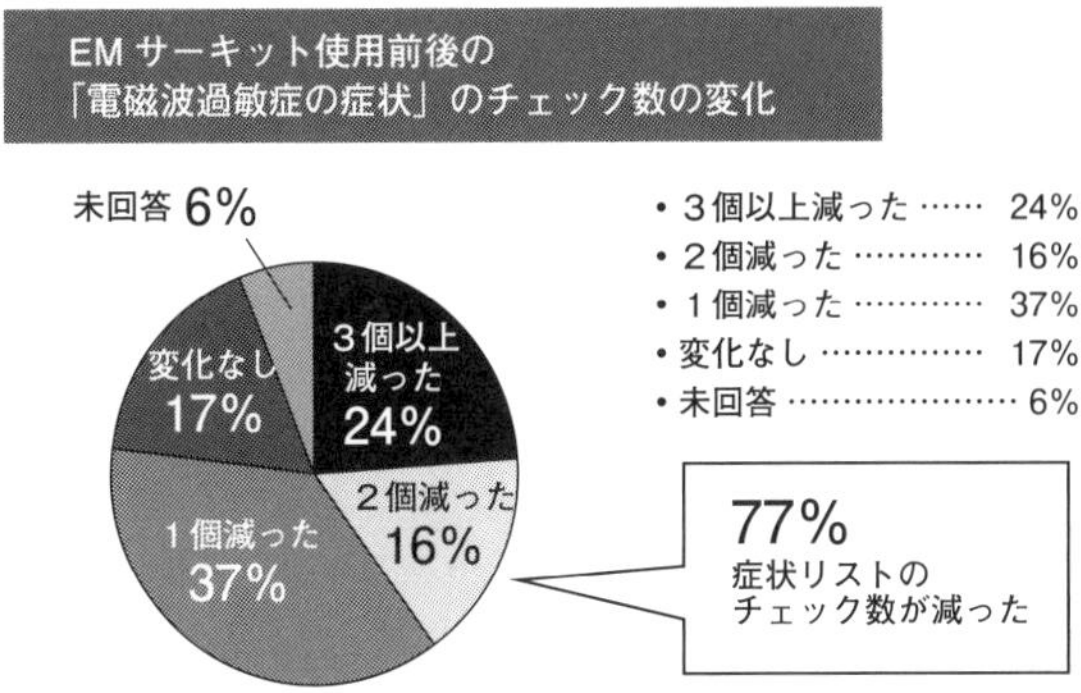
EM サーキット使用前後の
「電磁波過敏症の症状」のチェック数の変化
未回答 6%
3個以上減った 24%
変化なし 17%
2個減った 16%
1個減った 37%
・3個以上減った …… 24%
・2個減った ………… 16%
・1個減った ………… 37%
・変化なし …………… 17%
・未回答 ………………… 6%
77%
症状リストの
チェック数が減った

図 3-5

中には効果が実感できない人もいる。

「……そんな人には『しばらく使うのやめてみて』と言う。そして、再開してもらう。すると『やっぱり体調いい！』といいますね」「PCやiPadを長く使う時、〝EMサーキット〟のON／OFFではっきり違うはずです」

●疲れず、楽にPCが使える！

〝EMサーキット〟体験者の感想（コスミックエナジー研究所資料より）――。

■**目の疲れ**：目の疲労が改善され、ついつい長くPCに向かってしまいます。長時間PCを使用しても、本当に目が疲れず快適です。

■**身体が楽**：自宅勤務となり、PC業務が増えて、目の疲れ、肩こりがひどかったのですが、友人から〝EMサーキット〟を勧められて、じっさいに使ってみると、身体や目がとても楽になって、PC作業ができるようになりました。

■**頭痛**：PCでZOOMをすると、一時間ぐらいが限界で、頭痛、目のかわき、頭がボーッとして集中力、思考力が欠如になり、体調をくずしていました。〝EMサーキット〟をつけて、まる一日ZOOMによる研修がありましたが、目が少し疲れる程度で、他の症状はまったくなく、驚いています。本当に効果を実感しています。

■イライラ感：最近はオンラインセミナーも増え、以前に増してPCと接する時間が長くなりました。以前は、自宅で長時間PCを操作していると、イライラ感が強くなる傾向がありましたが、〝EMサーキット〟を接続してから、イライラ感はかなり軽減しました。

■手のしびれ：今までは、PCを使っているとき、マウスを持つ右手が、だんだんしびれてきたが、〝EMサーキット〟を使うと、手がしびれない！

■呼吸が楽：初めて〝EMサーキット〟をPCのUSBコネクタに接続したとき、まず感じたことは、呼吸がとても楽になったことです。スーッと息が入っていきました。

■効率アップ：使用から一週間たったら、やろうと思っていたことが、思ったときにできるようになった！　しかも、効率よくできるようになった。

細胞エネルギーアップでガンも癒す〝プラズマ・パルサー〟

●ミトコンドリアが仰天の活性化

〝プラズマ・パルサー〟の発明者、田丸滋氏（六八歳）は、知る人ぞ知る発明家だ。

これまでに、一〇〇を超える特許を獲得している、という。

「……“プラズマ”という名称の付いた発明は、ほとんど田丸氏が特許を取っている」（矢山医師）

彼は二年前に、“プラズマ・パルサー”（写真3−6）に出会い驚嘆した。

「……これは、驚天動地の発明です。具体的には細胞内にあるATPエネルギー生産回路を活性化する。これは、生命エネルギーそのもの。普通は栄養により細胞内ミトコンドリアでエネルギーが増える。しかし、これは機械でエネルギーを増やす。特許も通りました。極端に言ったら、『メシ食わんでも、エネルギーが出る』（笑）」

――元気が出る？　経済的だ！

「……これは、むちゃ面白い。驚きのマシンです。厚労省が医療器具に認可する方向で動いてるそうです。ただし、医療器具でないので個人は購入できませんが、医療現場で試用はできます。『体を元気にする』では保険診療にならない。だから矢山クリニックでは、『元気効果あり』で自費診療でやってます。『細胞が元気になる』『結果として痛みが取れる』。

田丸さんは、自分がガンになって余命三か月と言われて、な

■生命エネルギー活性“プラズマ・パルサー”

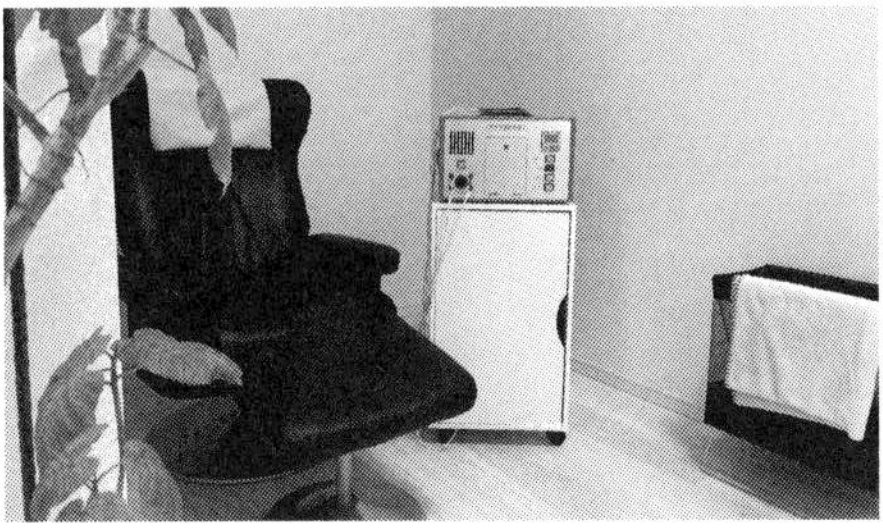

写真3-6
出典：NAKAMIZO美と健康のクリニックHP

んとか自分の発明で治そう、と造った機械なんです」(同)

申請した特許名称は「ATP増幅装置」。〝プラズマ・パルサー〟の製品名のとおり、プラズマ波動でATP回路を刺激するのだ。エネルギー産生は通常より三倍も高まる、という。

●腰痛、肩凝り、なんでも効く!

矢山医師自身、医療現場で採用して、その効果に目を見張った。

「……当てるとすぐに元気になる。腰痛、肩凝り、なんでも効く! おそらく、将来は認知症にも効くんじゃないか?」

一言でいえば「生体エネルギーが増える!」。もともと元気のない現代人には朗報ではないか。

田丸滋氏は明治大学工学部卒。武田グループに一〇年、研究職として勤務。その後、東洋インキでエンジニアとして活躍。足かけ二〇年、研究生活を送る。

四三歳で独立。㈱フィーレックス設立。プラズマ技術を最初に手がける。経産省経由でトヨタの排気ガス除去装置の開発に取り組む。欧州排ガス規制クリアのため国がトヨタに助成金を出した四億円プロジェクト。その装置が〝プラズマDPF〟。マフラー内のプラチナ触媒を活性化させる。

「……プラズマは『分解』『合成』『改質』すべて出来ます」(田丸氏)

そもそもプラズマは、原子核と電子が遊離しており、物質の〝第四の相〟と呼ばれる。

その好例が〝雷〟だ。核と電子が離れたエネルギー状態だ。

「……私たちの細胞膜は英語で〝プラズマ・メムブレム〟。細胞膜はプラズマ状態にある。生命プラズマは、われわれが生きていくためのエネルギーなのです」

●「日本プラズマ療法研究会」設立

すでに「日本プラズマ療法研究会」という学会も存在する。

田丸氏は「プラズマ・パルサーによるミトコンドリア活性」という学術論文も発表。

さらに研究会誌には「プラズマ療法の臨床例」も掲載されている（第9回研究報告会（二〇一九年一一月二三日）品川荏原ライフケア・クリニック院長、医学博士・黒川胤臣《たねおみ》氏）。

その内容は「プラズマ療法と自律神経活性」「〝プラズマ・パルサー〟を皮膚に応用」「ガン予防、プラズマ療法とプロテオ検査」「肺ガン・肝臓ガン疑いの消失」「糖尿病のサポート」「巨大子宮筋腫の治療」……など、多岐にわたる。

また、プラズマ療法に関する論文と研究者の多さに、改めて驚く。

プラズマ療法とは、これほどまでに裾野の広い医学領域だったのだ。

この療法の中心となるのが、矢山医師が絶賛する〝プラズマ・パルサー〟なのだ。

田丸氏は、この日本プラズマ療法研究会の理事長を務めている。

「……本会は、各疾患に対し、プラズマ療法に関する有用性・活用性を研究し、専門家育成を推

進することにより、プラズマ療法の発展に寄与することを目的として活動しています」（田丸氏）

●様々な疾患に効果が確認された

プラズマ療法の効果を見てみよう。

プラズマ治療は一回三〇分、一週間一～二回施行。患者の各種病態に合わせて対応。

その結果は――。

■子宮頸ガン：プラズマ治療六回施行後、ガン細胞消失。

■胆管ガン：腫瘍マーカー下降。腹水減少。生活質（ＱＯＬ）改善。

■乳ガン：脳転移部の消失が得られた（陽子線治療と併用）。

■肺ガン：骨転移が消失。呼吸が楽になり、食欲も出てきた。

■脳梗塞：後遺症。運動機能はほぼ正常に。握力も明らかに改善。

■パーキンソン病：六〇代女性。会話不能。自力で動けない。八回目から会話可能に。現在は歩行訓練中。自力で車椅子に乗れるようになった。

■抗ウイルス疾患：二六歳男性。肛門部ウイルス性疾患。週一回施術。五回で七か所の症状が全て消失。

■アトピー：四七歳男性。皮膚炎が大幅に改善。プラズマ治療三〇分、五回施術。以下、本人の感想。「……プラズマ療法を初めて受けさせていただきましたが、ちょっと不思議な感じで、とてもリラックスできました。私は一か月ほどアトピーがひどく、夜ぐっすり眠れないのですが、プラズマ療法を受けている間は、なぜか『かゆみ』も感じず、周りに友人がいたにもかかわらず、何か、別空間にいるような感じで、とてもリラックスできました。〝命の充電〟を受けたような感じで、定期的にお世話になりたいです」

USD（超高周波音発生装置）で、胎児が天才に育つ

●耳に聞こえない音が脳幹を創る

USD（超高周波音発生装置）は、〝自然音〟の超高周波音で生命を活性化する（写真3-7）。

ヒト以外の哺乳類は、ヒトに聞こえない超高周波音を聴いている（図3-8）。

ヒトの可聴範囲は子どもでも二一キロヘルツ。歳をとると五キロヘルツにまで低下してしまう。

これに対して、イルカ二〇〇キロヘルツ、イヌは一三五キロヘルツとケタ外れ。

「ヒトの聴覚は衰退したが、生命維持に大きく関わる脳幹部分は他の哺乳類と同じ。ヒトは聴覚や意識と別のところで、超高周波音による生命信号を脳幹に入力し、各種生理機能の調節を行っています」（製品説明より）

USDの発明者、山田豊文氏（杏林予防医学研究所所長）は指摘する。

「……現代社会は、〝超高周波音〟という大切な生命信号を失ってしまった。現代人の脳幹機能

■「超高周波音発生装置」（USD）の奇跡！

写真 3-7

■動物たちは「超高周波音」を聴いて生きている

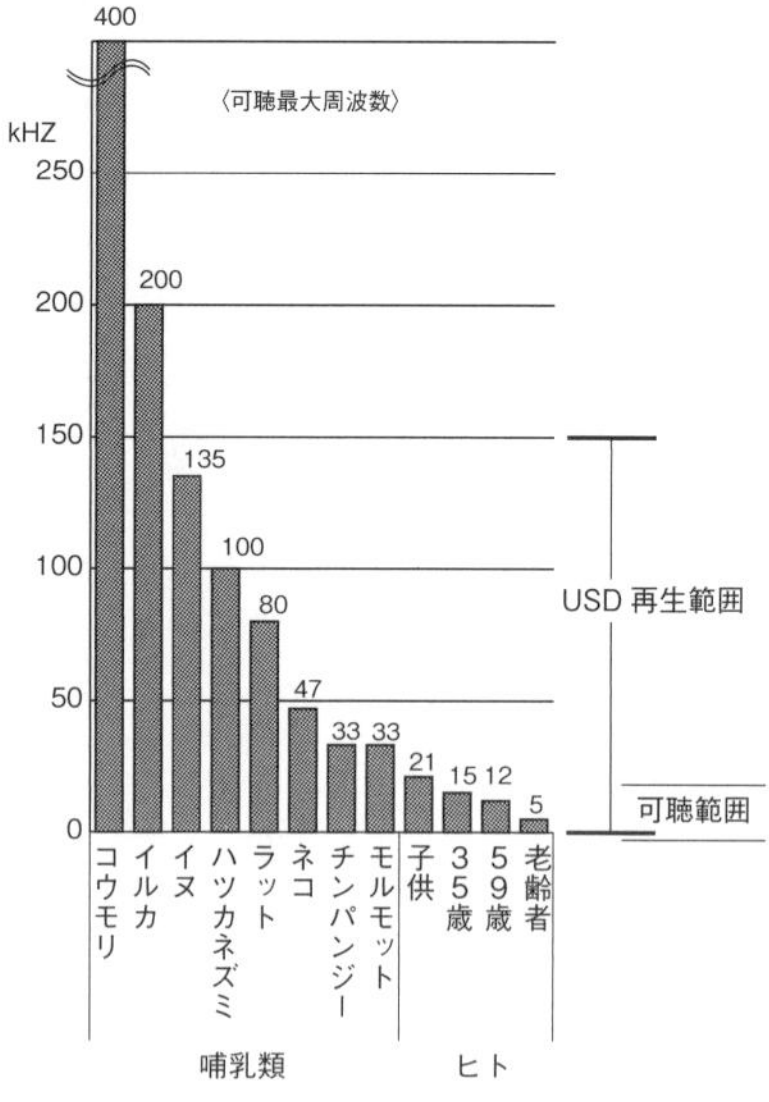

図 3-8

の低下は、当然の結果です」（山田氏）

風の音、せせらぎ、鳥や虫の鳴き声……など、自然音には超高周波音が含まれている。

耳に聞こえない〝音波〟が、人間の脳幹を――創造・調節・賦活――している。

現代文明で失われたこれら超高周波音こそが、「生命を活性化」させる。

「生活の様々なシーンでUSDが威力を発揮します」「赤ちゃんやママのいる場所」「子どもの学習環境」「列車や飛行機の中」「高齢者の施設」（製品説明）

●「自然音は病気を治す」（ピタゴラス）

「……自然な音は、病気を癒す」

二五〇〇年前、古代ギリシャの科学者ピタゴラスは断言した。

彼は、数学の三平方の定理であまりに有名だ。

しかし、じつは「音と健康」の関連を解明したパイオニアでもある。

ピタゴラスは「せせらぎ、鳥のさえずり、風の音などは、病気を癒すはたらきがある」と喝破。

ここでポイントは、これらが〝自然音〟である、ということだ。

彼は、実験に一弦琴を用いている。はやくいえば弓状琴だ。

弦を弾く。すると、振動から音が発生する。その音は瞬時に周波数が整数倍の音を生み出す。

さらに、それは――整数倍の音を生み出し――次々に周波数が高まっていく。これが倍音現象だ。

最初に弾いた音は周波数が少ない低音だが、またたくまに高周波の倍音が次々に生まれる。

こうして、弦を弾くと複数倍の高周波の音が無数に重なり合う。

これが、自然音の特徴だ。

しかし、CDは可聴域の周波数（二〇～二万二〇〇〇ヘルツ）以外の周波数をカットしている。

だから、倍音が多重に発生する自然音とは、根本的に異なる人工音だ。

近年、東北大学研究チームが「あらゆる人体細胞には、音（振動）を感知する突起を備えている」と発表している（図3-9）。

つまり、われわれは耳だけでなく、全身細胞のアンテナで音を〝聴いて〟いたのだ。

●「聞こえない音」こそ物凄く大切

山田氏は、「食と健康」に関し、日本屈指の第一人者だ。

重ねて「音響健康法」でも他の追随を許さない。

青春期から音楽の神秘に没頭してきた。

彼が収集したLPレコードは万余を下らない。

こうして彼は、遂にピタゴラスの「自然音療法」を再現するかのような画期的な装置を開発したのだ。

「……このUSD（ウルトラソニック・サウンドスケープ・デバイス）は特許を取得していて、こんな装置は世界中見回しても存在しない。『聞こえない音が体にいい』など、ほとんどの人が考え付かないだろう。ところが超高周波音は脳を活性化する」（山田氏）

■全身の細胞には音を聴くアンテナがある

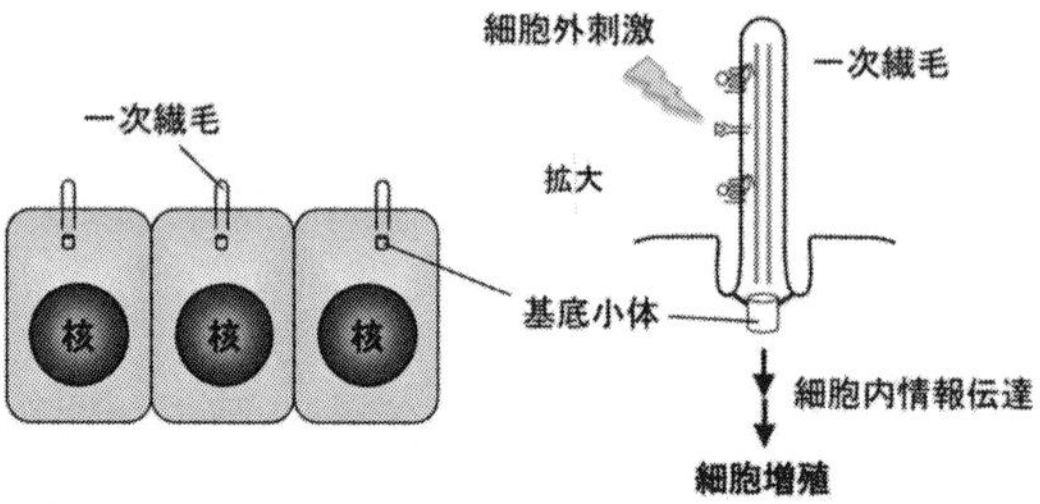

一次繊毛
核
核
核
細胞外刺激
一次繊毛
拡大
基底小体
細胞内情報伝達
細胞増殖

図 3-9

装置は、風の音、せせらぎ、鳥や虫の声など「自然音を〝音源〟にして超高周波音を発生させている」。実際にUSDを体感してみた。数日オンにしたまま身近に置く。かすかに波の音、鳥の声……。その結果、安眠熟睡し寝過ごしたほどだ。不眠症に効果があるだろうと直感した。

山田氏は超高周波音の素晴らしい生命活性化に気づく。それは、どういうきっかけか？

「……昔からずっとレコードで音楽を聴いてきた。一九八〇年代、ＣＤが登場。ダイナミックレンジは広い。ノイズもない。クリアだ。迫力もある。みんな飛び付いた。持っていたレコードを売ってしまった。そんな人がいっぱいいる。ところが、私はＣＤを聴くと一時間で疲れた。レコードは何時間でも聴いていられるのに。それで気づいた。レコードとＣＤ、何が違うのか」

疲れる理由は……。

「……超高周波音をカットしているからです。『聞こえない音なんて要らない』。みんな思う。しかし、われわれの周囲には、聞こえない音のほうが圧倒的に多い。聞こえる音は〝ごく一部〟です。だから、われわれは『聞こえない音』に、ものすごく影響を受けて生きている」（山田氏）

●お腹の赤ちゃんは〝音〟を聴いている

さらに、自然音には超高周波音を生み出す倍音も豊富にある。倍音の豊かな音は心地よい。

「……そうです。音は振動でもあります。すべての細胞には音（振動）を感知するアンテナがあります。超高周波音がいかに大事か判って考えた。なぜ音楽を聴いて育った子どもたちは頭がいいのか？」

山田氏には二人のお嬢さんがいる。出産前の赤ちゃんに注目した。

「……十月十日、お母さんのお腹の中で生きています。そのとき胎児は、聴覚だけを頼りにしている。他の五感は未発達で、見えないし、においもしないし、味覚もない。ところが、音だけは聴いている。お母さんの鼓動とか。だから、赤ちゃんの脳の神経発達には音が深く関わっている。赤ちゃんの十月十日の脳の〝初期設定〟には、音がもっとも重要です。だからこそ、妊婦さんはレコードを聴くべき。

すると『頭のいい子』『やさしい子』になります。妊娠期間と生後二歳までの三三か月で一生の基本ができる。天才が生まれる。特に耳がいい。うちの長女もね、パリに短期留学した時『日本人の話すフランス語ではない』と現地の人に驚かれた。それだけ耳がよかった。この子は、ニューヨーク大学から東京大学大学院を経て博士号をとった。小学校の時など、そんなに勉強もしなかった。下の娘もそう。だけど、本当に耳がいい。語学のセンスがものすごくよかった」(同)

●天才を創る〝マタニティの音楽〟

父親として思いつくのは、ただひとつ——。

「……娘たちの妊娠中と赤ちゃんのとき、私はレコード音楽ばっかり聴いていた。妻も娘たちも一緒に聴いていた。それしか考えつかない。学校も地元の普通の公立の小中学校ですよ。ところが長女は『耳がいい』とニューヨーク大学の先生にもほめられた。『日本人の発音とは思えない。発音が違う』。だから、母体内と誕生後の三三か月で、本当に脳は基本ができますよ」

——娘さんは、お母さんのお腹の中で、LPの音楽を聴いていた。

「……そうです。家内も一緒に音楽を聴いてましたから。胎内で、たった一つの細胞が、妊娠期間の約二七〇日で人間に変わる！　それだけ重要な時期です。毎日、盛んに細胞分裂してます。だから、まちがっても妊婦さんは有害なものを食べてはいけません。胎児に変異原性物質が到達したら奇形になる。赤ちゃんの時は、それほど危険なのです。それとは対照的に、いい物を食べて、いい音を聴いたら天才になる」

山田氏は、強調する。

「――〝食べる〟ものと〝聴く〟ものが、一番大事――」

だから、妊娠中からモーツァルトとかベートーベンなどのクラシック音楽だけをレコードで聴かせた。

「……胎児は音の影響を大いに受けながら発育・成長していく。だから、〝マタニティの音楽〟は、非常に重要です。少なくとも語学のセンスは抜群になるはずです」（同）

●野球選手はＵＳＤでホームラン連発

山田氏が発明した装置〝ＵＳＤ〟は、超高周波音モードにすると〝何も聞こえない〟。可聴域を超えた超高周波音だから当然だ。しかし、超高周波音の振動エネルギーは出ている。

「……いちばん効果があるのが八〇キロヘルツ台。この周波数が一番、生命を活性化する。それが、お腹の赤ちゃんには、ものすごく大事です。〝音〟ほど大切なものはない。そして、生後二歳までが、とても大切です」

具体的には、妊娠中のお母さんが、このUSDで超高周波音を〝聴く〟ことだ。

「……すると、お腹の赤ちゃんはきっと賢くやさしく、元気に育ちます」（山田氏）

USD発明のきっかけもCDだった。なんでイライラするのか。

「……LPには八〇キロ、九〇キロヘルツの音情報が記録されている。しかしCDにはない。そこで超高周波音の大切さに気づいた」「目に見えないもの。耳に聞こえないもの。どちらも重要な存在です。例えば『気』のエネルギーもそうでしょう。目に見えない。だけど、もの凄く沢山のものをもらっている。生命とはそういうものです。だから、マンションなんかに住んじゃいけない。自然音が入ってこない。超高周波音で大切なのは……風の音。鳥や虫の鳴き声。でもマンションだと全然、入ってこない。現代人が心も体もおかしくなっている大きな原因ですね」（同）

耳には聞こえない超高周波音は、思わぬ効果を発揮して山田氏を驚かせる。

「……USDを〝聴かせる〟と、それまで仲の悪かったペット同士も仲良くなる。私自身の実体験だと、新幹線は電磁波で疲れる。ところが、装置を置いた瞬間まったく疲れない。周りの乗客も気持ちいい。超高周波音のない空間で、いちばん効果が判る。プロ野球選手が使ったら別人のようにホームラン量産。まったくスランプだったのに……」と山田氏はニッコリ笑った。

プロ・アスリートの劇的な成績向上こそは、まさにUSDの超高周波音効果を見事に証明している。

第４章　「霊魂」「幽体」「転生」「テレポーテーション」

――〝霊〟の存在を認めた「量子力学」が開く未知の扉

〝常識〟を吹き飛ばす大津波がやって来た！

●「量子力学」と「宇宙古代学」

いま、人類文明を根底から覆《くつがえ》す二つの学問がある。

「量子力学」と「宇宙古代学」だ。

前者は、科学を根本から覆す。後者は歴史を根底から破壊する。

わたしは、これら二大学問を踏まえる。

それに基づき最新刊『幽体離脱　量子論が〝謎〟を、とく！』（ビジネス社）を書いた。

キャッチコピーは「『霊魂』『転生』『瞬間移動《テレポーテーション》』『タイムマシン』……未知の扉が、開かれる！」。

この書を手にとった人は、それこそ驚天動地の思いで頭がクラクラするはず。

この一冊は、二〇二二年にヒットした『ＮＡＳＡは〝何か〟を隠してる』（同）の続編としてまとめた。

この二冊で、日本人の知識人を自称する人々は、文字通り発狂するかもしれない。

それも無理はない。テレビ、新聞、政府や学界がこれまで〝常識〟として伝え、教えてきたことを、ことごとく粉砕しているからだ。

つまり、人類がこれまで〝真実〟としてきた情報を、完膚無きまでに打ち砕いている。

そして、わたしがこの二冊で提示した事実を裏付ける情報が、二〇二三年、堰《せき》を切ったように噴出してきた。

それは、垢《あか》まみれ、埃《ほこり》まみれの古臭い〝常識〟を吹き飛ばす鉄砲水、いや大津波だ。

こうして旧体制（アンシャン・レジーム）の価値体系は、根底から木《こ》っ端《ぱ》微塵《みじん》に瓦解《がかい》していく。

●『人類をだました5人の学者』

崩壊の予兆は、二〇二二年のノーベル物理学賞だ。

三名の学者が受賞。その授与理由は、量子〝ヒモ理論〟の解明に果たした功績である。

量子〝ヒモ理論〟……？　これだけで、ほとんどの人は首をかしげる。

そんな人々にとって、ノーベル物理賞といえば反射的にアインシュタインを思い浮かべる。

なぜなら、彼の相対性理論は、一〇〇年以上も〝知〟の神棚に奉《まつ》られてきたからだ。

科学は日進月歩して当然だ。なのに、一〇〇年以上も同じ〝神様〟を奉って、毎日拝み続ける。

それは、愚かで醜悪な光景である。

私は『人類をだました5人の学者』（ヒカルランド）で、その〝迷信〟を根底から破壊した。五人の学者――マルクス（経済学）、フロイト（精神医学）、アインシュタイン（物理学）、ウイルヒョウ（医学）、フォイト（栄養学）を断罪した。ここには、アインシュタイン以下、やはり一〇〇年以上人類をだましてきた悪人たちの罪状を連ねている。

この本を手にとれば、日本の一流学者（と自分で思っている〝やつら〟）は、腰が抜けて立てなくなるだろう。

「相対性理論」の洗脳 vs.「量子力学」の真相

●闇勢力は、もはや隠しきれない

話を「量子力学」に戻す。

相対性理論を唱えたのはアインシュタインというたった一人の学者だ。

しかし、「量子力学」を研究してきた秀才、天才学者たちは、ゆうに一〇〇人を超える。

一〇〇年以上にわたり、一〇〇人以上の優秀な研究者たちが、日夜研究に没頭してきた。

それが「量子力学」なのだ。

なのに、この単語すら知らない日本人がほとんどだ。

なぜなら、明治以来、日本は見えざる〝闇勢力〟に支配されてきたからだ。その正体は、①イルミナティ、②フリーメイソン、③ディープステート（ＤＳ）の三層ピラミッドによる支配だ。

〝やつら〟は人間が〝情報の動物〟であることを熟知している。だから、明治以来、メディアと学問を巧妙に支配してきた。他方では、五人の〝悪人〟たちを悪魔の使徒として、偽の経済学、精神医学、物理学、医学、栄養学で、人類を根底から〝洗脳〟支配してきたのだ。

しかし、〝やつら〟の人類〝洗脳〟作戦も、限界にたっした。

もはや「隠しきれなくなった」のだ。

物理学しかり。

アインシュタインは「光速を超えるものは存在しない」と光速絶対論を唱えた。しかし、量子の一種であるニュートリノは、光速を超えることが多くの研究者によって証明されている。

たとえば、二〇一一年、イタリア核物理研究所は、ニュートリノ超光速を実験証明している。

それどころか量子コンピュータの実用化まで論じられている昨今だ。

そして、二〇二二年、三人の物理学者たちのノーベル賞受賞となった。

その業績は半世紀以上前にまで遡る。

つまり五〇年以上の長きにわたって、彼らの量子論の研究成果は、黙殺されてきたのだ。

●「ヒモ理論」「重ね合わせ」「テレポーテーション」

「量子力学」を特徴づける三つの理論がある（前述）。さらに詳しく解説する。

①**「ヒモ理論」**：「量子もつれ」ともいう。

対の量子のうち一方が変化する。すると同時に他方も変化する。まるで、二つの量子が〝ヒモ〟でつながっているかのようだ。そこで、「ヒモ理論」と命名された。

両者の反応は同時に起こる。量子が互いに一m離れていても、一億光年離れていても、同時に起こる。一億光年……。光の速度で行っても一億年かかる遥か遠い距離だ。

そこへ、量子変化の情報は瞬時に飛ぶ。光速を超えるなんてものじゃない。

②**「重ね合わせ」**：「同時多存在」ともいう。

たとえば、量子の一つ電子は、原子核の周りを回っている……と、これまで習った。しかし、量子論では、電子はAの位置にあるときBの位置にあり、Cの位置にもある。わかりやすくいえば、あなたが東京にいるとき、同時に、あなたはニューヨークにいる、というのと同じだ。

つまり、ある特定の時間で、量子の位置は特定できない。だから「同時多存在」。いろんな位置にいる可能性を重ね合わせると、もっとも多くいそうな場所が〝確率論〟で証明されるだけだ。

③**「テレポーテーション」**：日本語で「瞬間移動」という。

①「ヒモ理論」で、片方の量子から他方の量子へ、〝情報〟は一瞬で飛ぶことが証明されてい

る。量子論では〝物質〟も〝量子波〟である。だから〝物質〟の瞬間移動もあって当然なのだ。

●すべては「物質」ではなく「波動」

次の「箴言《しんげん》」を思い起こしてほしい。

——宇宙万物の存在は、すべて「波動」である。いかなる「物質」も存在しない——（マックス・プランク）

〝量子力学の父〟によるこの箴言は、「波動医学」を成立させる根本理論でもある。

■「量子力学」は全ての既成科学を粉砕する

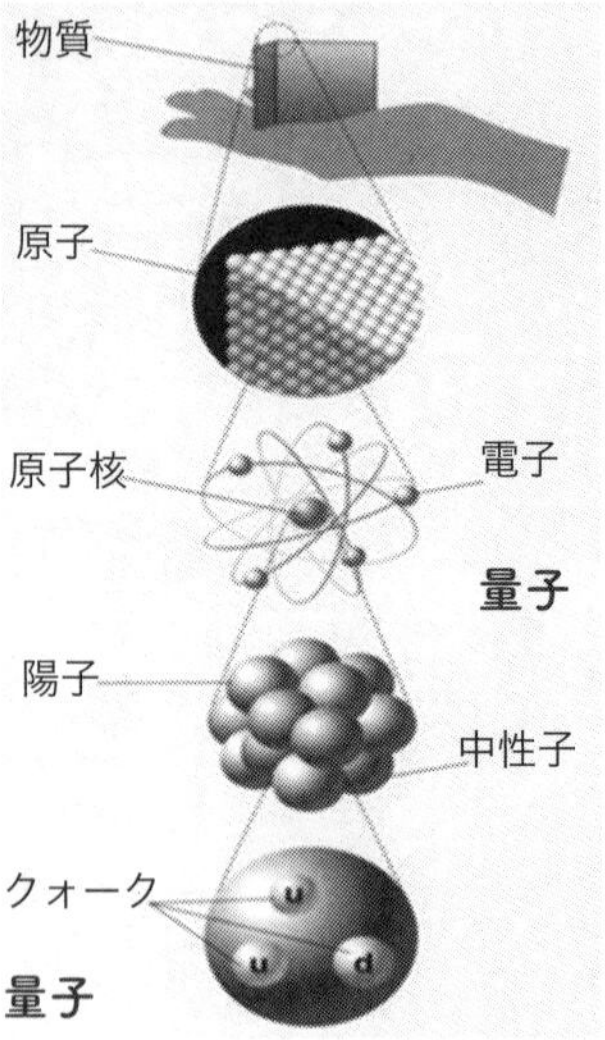

物質
原子
原子核
電子
量子
陽子
中性子
クォーク
u
u
d
量子

図 4-1

すなわち、われわれの存在も、物質ではない。この身体も、物質ではなく波動なのだ。

それも道理。アインシュタインまでの物理学では、物質の最小単位は陽子、中性子だと考えられていた。しかし、これら粒子も、さらに小さい量子で構成されていることが判った。それらにはニュートリノ、クォーク……などが命名されている（図4-1）。

そして、プランクの「箴言」どおり、これら量子も物質ではない。波動なのだ。

それを量子波と呼ぶ。最新理論「超弦理論」によれば、量子は素粒子でなく〝ヒモ〟なのだ。

それも、物質の〝ヒモ〟状の波動なのだ。

人体は「肉体」「幽体」「霊体」の三層構造だ

●何重もの層で構成される人体

「量子力学」の三大理論を総括すると、宇宙に物質は存在せず、波動が存在するのみ。

その最小単位の量子波は〝ヒモ状〟の波動である。

「波動」は、「周波数」「波形」「エネルギー」で構成される。

これらは、一言でいえば〝情報〟だ。つまり、われわれ人間の存在も〝情報〟にすぎない。

では――。人間とは、どのような存在なのか？

「量子力学」では、人間は三層で構成されている、という。

それが「肉体」「幽体」「霊体」だ。いずれも、物質ではなく波動エネルギーである。

海外では「幽体」はエーテル体、「霊体」はアストラル体と呼ばれている。

これらは、便宜上の分類である。

■「宇宙には 11 次元が存在する」（「超弦理論」）

エネルギーボディの層

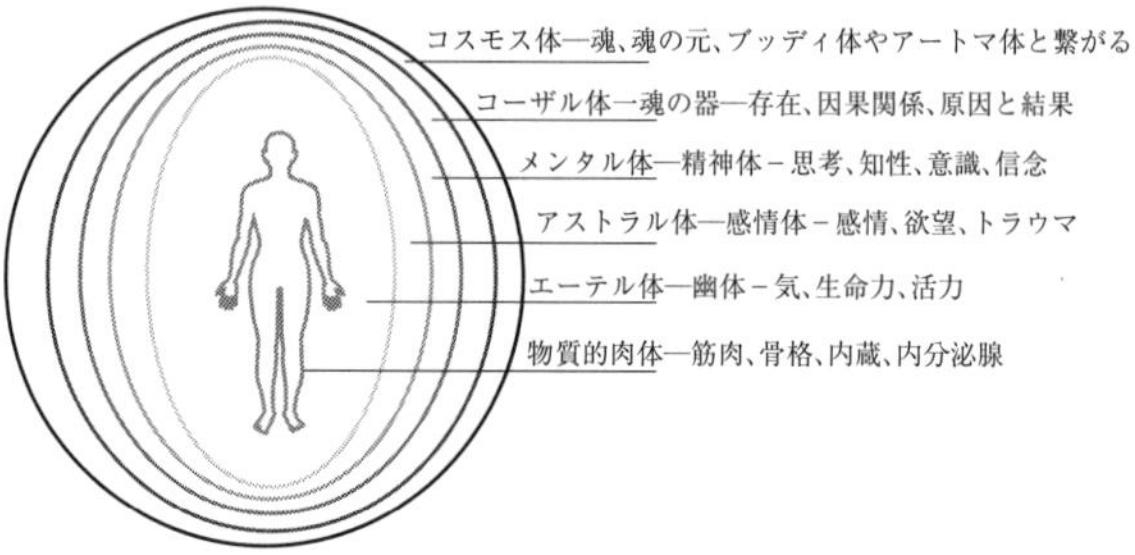
コスモス体—魂、魂の元、ブッディ体やアートマ体と繋がる
コーザル体—魂の器—存在、因果関係、原因と結果
メンタル体—精神体－思考、知性、意識、信念
アストラル体—感情体－感情、欲望、トラウマ
エーテル体—幽体－気、生命力、活力
物質的肉体—筋肉、骨格、内蔵、内分泌腺

写真 4-2　エネルギーボディの層

さらに、その外周には、何層もの波動エネルギー層がかさなっている、と考えられている。

●UFOは多次元を自由に移動

「量子力学」の最新学説「超弦理論」によれば、宇宙には理論上一一次元まで存在するという。

いわゆるパラレルワールドだ。

UFOは、突然、現れたり、突然、消えたりする。

それは、他次元から現れ、他次元に移行しているからだ。

われわれの存在（肉体、幽体、霊体）も、量子波という「波動」（情報）にすぎない。

そしてその「波動」は、「ヒモ理論」により、一mでも一億光年でも、一瞬で移動する。

これが「テレポーテーション」（瞬間移動）の原理だ。

つまり、人類は一億光年の果てまで、瞬時に〝移動〟することが可能となる。

さらに「テレポーテーション」は、空間だけでなく時間も超える。

すると、タイムマシンも現実にありうる、ことになる。

「俺は逝くぞ！」黒澤明の〝霊〟は、怒鳴った

●没後三日目の深夜、突然……

さて――。これからが本題の幽体離脱である。

人間の存在が「肉体」「幽体」「霊体」で成る。

それなら、幽体離脱とは、文字どおり「幽体」が「肉体」から離脱する現象をいう。

わたしは『幽体離脱』執筆にあたり、周囲に体験者を求めた。

すると、わたしも、ボクも……と次々に手があがる。その多さにはあぜんとした。

アッというまに、二〇名近くも体験者リストが出来上がった。

紙幅の都合で四人しか幽体離脱体験を載せられなかった。

中でもエピソードとして白眉《はくび》は、巨匠、黒澤明監督の幽体離脱の衝撃現象だ。

そのいきさつを監督に二〇年近く仕えた川村蘭太さん（七八歳）が語ってくれた。

……黒澤明監督が亡くなって三日目の深夜、突然、雨戸がバーンッと叩かれ、「オイ！ 俺は逝くからな」という怒鳴り声が聞こえた。飛び起きた蘭太さんは「オヤジだ！」と、われに返っ

た。『乱』の撮影現場で怒鳴り飛ばしていた頃の声、そのまんまでした」

彼は、この異様な体験をしみじみと語ってくれた。

そして、この異常体験を監督の長女、和子さんに打ち明けると「アラ、あたしんとこには、その日のうちに来たわよ」。「仲良くしろよ！」という大声が聞こえた、という。

●臨死体験、幻想説は誤り

没後、巨匠の「幽体」は「肉体」から離脱し、愛する娘や側近の元を訪ねて来たのだ。

ヒューマンな作風で知られる監督だけに、「幽体」となっても情の深さを感じざるをえない。

仏教では初七日という。

その間は、「肉体」から離れた「幽体」は、身辺に止まっているのだろう。

亡くなったと思われた人が、たまに蘇生することがある。

そのとき「幽体」となったときの記憶を正確に語って周囲を驚かす。これが臨死体験である。

かつて、評論家の立花隆氏が、関連著書をまとめたことがある。彼は、医学関係者などに取材し、結論をまとめている。つまり、〝お花畑〟や三途の川などの臨死体験への解釈はこうだ。

「死の恐怖を和らげるために、もともと脳にプログラミングされた幻想に過ぎない」

つまり、超常現象などではなく、生理現象だというのだ。

●「幽体」に五感、記憶力あり

しかし、既成医学界の幻想説に対して、はっきり異を唱える研究者がいる。

それが、サム・パーニア医師だ。彼は緊急救命医として多くの患者の死に立ち会ってきた。

そして、数多くの臨死体験や幽体離脱の事例を記録し、医学論文として発表している。

彼は、従来の医学界による生理幻想説を、真っ向から否定する。

「……離脱した幽体は、病院の天井裏の様子や、他の病室で起こっていたことまで記憶していま
す。幽体が死後、肉体を離れて浮遊していたことは、まちがいありません」

わたしは一〇例以上の幽体離脱者に取材して、その記憶が鮮明なのに驚いた。

「幽体」は、視覚、聴覚、味覚、触覚、嗅覚の五感を備えている。そして、浮遊していたときの
記憶をありありと覚えている。つまり、五感に加えて記憶力もある。

"あの世"を認めたノーベル賞学者ペンローズ博士

●"意識"は時空にも存在する

幽体離脱がもっとも起きるのは、瀕死の状態で意識不明となったときだ。

そのとき、「幽体」は「肉体」から離れて、上からベッドの自分を見下ろしている。

そして、「肉体」が危機を脱すると、一瞬で「幽体」は「肉体」にもどる。

しかし、日本では、死亡宣言されて一定時間がたつと遺体は火葬される。戻るべき「肉体」が燃やされてしまうと、「幽体」は帰る場所がなくなる。すると、「幽体」はどこに向かうのか？

このことを真剣に考えた物理学者がいる。

ロジャー・ペンローズ博士だ。

「……イギリスの数理物理学者、数学者、科学哲学者。二〇二〇年、ノーベル物理学賞を受賞。一般性相対性理論と宇宙論の数理物理学に貢献した」（「ウィキペディア」）

学界ではホーキング博士と共にブラックホールの特異点定理を証明するなど、「アインシュタイン以来の大天才」と称賛されている。

■現代最高の知性は「霊魂」「あの世」を認めた

写真 4-3　ロジャー・ペンローズ博士

●「量子脳理論」の先の〝あの世〟

またペンローズ博士は「量子脳理論」の提唱者としても知られる。

「……脳内の情報処理には、『量子力学』が深く関わっている」と主張。さらに「意識は、量子の〝ふるまい〟や〝時空〟の中に、すでに存在している」と結論づけている。

この〝意識〟とは、まさに「幽体」そのものだ。

ペンローズ博士は、「幽体」をこのように解釈している。

「……脳内の神経細胞にある微小管で、波動関数が収縮すると、〝意識の元〟となる基本的で単純な未知の〝属性〟も同時に組み合わさり、生物の高レベルな〝意識〟が生起する」

つまり博士は、「肉体」の神経細胞から〝意識〟は生まれ、それは「幽体」「霊体」として、宇宙の時空に遊離することを、認めているのだ。

臨死体験（幽体離脱）についても、こう推測している。

「……脳で生まれる〝意識〟は、宇宙全体で生まれる素粒子より小さい物質であり、重力・空間・時間に囚《とら》われない性質をもつ。そのため、通常は脳に納まっているが、体験者の心臓が止まると、〝意識〟は脳から出て拡散する。そこで、体験者が覚せいしたばあいは、〝意識〟は脳に戻る。体験者が蘇生しなければ、〝意識〟情報は、宇宙に在り続ける」（ペンローズ博士）

●〝あの世〟と〝生まれ変わり〟

まさに、博士のいう〝意識〟とは、「霊魂」そのものだ。

ノーベル賞学者は、「霊魂」の存在をはっきり認めているのだ。

博士は「〝意識〟情報（霊魂）は、宇宙に在り続ける」という。それは、どこか？

博士は「宇宙のどこか」というにとどめている。その場所こそ、〝あの世〟である。

さらに、じつに興味深い説も投げかけている。

「宇宙にあり続ける〝意識〟（霊魂）は、別の生命体と結び付いて、〝生まれ変わる〟のかもしれない」（ペンローズ博士）

これは、まさに〝霊〟の「憑依」「転生」そのものだ。

あなたは、現代最高の知性とされる科学者が、「幽体離脱」や「霊魂」の存在を認め、さらに「憑依」「転生」までありうる、としていることに驚かれるだろう。

おそらく、あなたが「幽体離脱」や「憑依《ひょうい》」「転生」などを話題にすると、「オカルト！」と侮蔑と嘲笑が投げ掛《か》けられるだろう。

そのときには、冷静にノーベル賞学者ペンローズ博士の見解を解説してみせればよい。

相手はグウの音も出せずに黙るだろう。

あるいは、拙著『幽体離脱』（前出）を勧めればよい。

その内容に反論できる人は、一人もいないはずだ。

●幽体離脱トリップを楽しむ!?

幽体離脱にも二通りある。

臨死状態で体験するものと、健康状態で体験するものだ。

前者は、事故現場とか病室の記憶がほとんどだ。

さらに、〝お花畑〟や〝三途の川〟の記憶を語る人も多い。

それと対称的なのが、死とは無関係での幽体離脱だ。これは、一種の魂のトリップだ。

わたしが『幽体離脱』で取材した東明美さんは後者だ。霊能者の友人に出会い、超常現象にめざめた。そして、幽体離脱にチャレンジしているうちに、自由に離脱できるようになった。

「初めは天井にコツンコツンと頭ぶっつけていたけど、今は自由に飛べます」と、ふつうに語る。

「高度三〇〇ｍくらいで、地上を見下ろしながら飛ぶの楽しいですよ（笑）」

こうなると、宮崎駿《はやお》の「魔女の宅急便」だ。

「急上昇や急降下、楽しいですよ」。こちらも空を飛びたくなった。

「旅客機と一緒に飛ぶ。ニューヨークに行きたい、と思ったらもう眼下はニューヨーク！」

まさに、魂のトリップだ。「宇宙にも行ったことあります。地球は丸かった。ブラックホールも見てきました」。それでも東さんは、こんな体験をほとんど人には話してこなかった。

「頭がおかしい、と思われちゃうでしょ」と笑う。

しかし、まわりを見ると、あなたも私も幽体離脱……。体験者でないほうが肩身がせまい。

確信した。幽体離脱は、だれにでも備わった〝能力〟なのだ。

ただ、「そんなことありえない」と思い込む人ほど、離脱体験から遠ざかるのだろう。

前世を記憶する子どもたち、「輪廻転生」はある

●二〇〇〇例以上！　転生の証拠

『前世を記憶する子どもたち』（イアン・スティーブンソン著、笠原敏雄訳、日本教文社）という話題の本がある。

これは、文字通り世界中の「前世記憶する子ども」二〇〇〇名以上を徹底的に調査した「報告書」だ。著者は精神科医だが、人生をこの「生まれ変わり」の研究に捧げている。

研究チームの地球を股にかけた調査には驚く。フィールドワークのお手本のような研究だ。

スティーブンソン博士は、これら膨大な生まれ変わりの実例から、「転生はある」という結論に達している。

しかし、「……そのメカニズムは判らない」と正直に記《しる》している。

二〇〇七年に逝去。彼には残念ながら、「量子力学」と「魂」の知見はなかったようだ。

二〇二〇年、ノーベル賞を受賞したペンローズ博士は、「量子力学」の理論から、「霊魂」の存在、さらには「生まれ変わり」の可能性について言及している。

もう少し長くご存命だったら、量子論に基づく転生メカニズムに出会えたかもしれない。

●「輪廻転生」は正しかった

チベット仏教などは、「輪廻転生」を根本教義としている。

しかし、近代から現代にかけて、人類を支配したのは〝科学信仰〟だった。

この〝新興宗教〟は、世界中に蔓延した。

その〝信者〟たちは、伝統的な信仰、価値、智慧《ちえ》などを〝迷信〟の名のもとに攻撃したのだ。

チベット仏教も「輪廻転生」の思想も、嘲笑と攻撃の嵐にさらされた。

彼の地を占領した中共軍は、マルクス・レーニン主義の唯物論者たちだった。

〝かれら〟は科学的社会主義者として、胸を張って〝後進国〟のチベットを占領したのだ。

他方、チベット仏教が墨守《ぼくしゅ》した「輪廻転生」の思想は、ノーベル賞学者ペンローズ博士まで評価する時代となっている。

「量子力学」からいえば、明らかに「輪廻転生」はありうる。

それは、まぎれもない真理なのだ。

●四割は非業の死の記憶

そのメカニズムも、ほぼ解明されている。

ペンローズ博士のいうように、「肉体」から離れた〝意識〟（幽体）は、宇宙に旅立つ。

それは、博士のいう〝宇宙のどこか〟に存在する。そして、お母さんの胎内で成長を続け、妊娠八、九カ月と脳が発達した胎児の存在に〝意識〟（魂）は寄り添い、その〝情報〟（記憶）を、胎児の脳に「転写」する。

このとき、胎児はまぶしい光を発する。これが〝胎光〟である。

このようにして、宇宙に漂う「霊魂」の記憶は、新しく生まれる生命に引き継がれる。

しかし、この転写された前世の記憶も、ほとんどの子どもたちは覚えていない。

スティーブンソン博士によれば、その記憶は三、四歳で消えていく、という。

しかし、それでもありありと前世を語る子どももいる。

その約四割は、非業の死を遂げた前世の記憶という。無残な死に方をした人の「霊魂」は、強い感情をひきずっている。死の瞬間の恐怖、怒りなどは「霊魂」に「波動」記憶として残されている。その恐怖、怒りの記憶が、胎児の脳に転写される。だから、生まれた子どもは、ありありと、その殺害の瞬間を思い出し、泣き叫んだりするのだ。

●前世まで遡る「前世療法」

この「生まれ変わり」を認め、その現実を治療に応用する。それを「前世療法」と呼ぶ。

この「前世療法」には、指導者養成講座や認定資格まであるのには、おどろいた。

英語では、それを〝ヒプノセラピー〟（催眠療法）と表現する。つまり、催眠法で「前世」記憶をたどるわけだ。だから資格認定証も『NGH米国催眠士協会認定証』となっている。

「……催眠療法の一種であり、人間は死後、人間に生まれ変わる、という転生論を前提とする。退行催眠により、患者の記憶を本人の出産以前まで誘導（過去生退行）し、心的外傷などを取り除くと主張されている」（「ウィキペディア」）

UFO、エイリアン、テレポートそして時空旅行へ！

●人類を創造したエイリアン

不思議は、生まれ変わり、「輪廻転生」にとどまらない。

『NASAは〝何か〟を隠してる』（前出）で、わたしは『『旧約聖書』（創世記）に記述された〝神〟とは、エイリアンである」と断じた。

ユダヤ教でいうヤハウェー、キリスト教のゴッド、イスラム教のアッラー。

一神教でいう〝神〟とは、宇宙人……といえば、その宗教の原理主義者などは発狂しかねない。

しかし、それはわたしが言っているのではない。

古代史研究家のゼカリア・シッチン氏は、古代シュメール文明の粘土板の楔形《くさびがた》文字を解読し、「シュメール文明を人間に授けたのは、アヌンナキという宇宙人の種族だ」と結論づけたのだ。

〝かれら〟エイリアンは、地球上の類人猿の遺伝子を操作して、みずからに似せて人類（ホモサピエンス）を創り出した。その目的は、奴隷として地球上の金を採掘させることだった。

だから、人類は類人猿が進化して登場したものではない。

宇宙人による遺伝子組み換えで創作されたのだ。

『旧約聖書』（創世記）には「神は、みずから似せてアダムを造った」と記述されている。

最初の人類アダムは、宇宙人に似せて類人猿から創作されたのだ。

さらに「創世記」には、「神はアダムの肋骨からイブを造った」とある。

おそらくこれは、クローン技術を用いたと思われる。

●人類文明と地球外生命体

世界中の国々の神話を調べると、奇妙な共通点が判る。

すべて先祖は「空から来た」と書かれ、伝承されているのだ。

日本の国産みの神話もそうだ。

あらゆる民族、国家の神話すべてに共通する。

天空から飛来した先祖とは、宇宙人以外に考えられない。

そして、必ず〝空飛ぶ船〟が登場する。

これは、ズバリＵＦＯだ。

■「人類を創造したのはエイリアンである」

写真 4-4　ゼカリア・シッチン氏

このように、古代から現代にいたる人類の歴史、文明に地球外生命体が関与している、と唱《とな》える学説がある。「古代宇宙飛行士説」と呼ばれる。

それは長い間、古代史学者や歴史学者からは、異端として退けられてきた。

しかし、近年、形勢は逆転している。

その先陣を切ったのが、ゼカリア・シッチン氏である。

「量子力学」が解明した惑星間テレポート

●光年彼方からも瞬時に来訪

この古代宇宙飛行士説に対する強力な反論があった。

それが、地球外生命体が棲むとされる惑星までの〝距離〟である。

太陽系ならまだしも、太陽にもっとも近い恒星でも、四光年以上も離れている。

光の速度のロケットで行っても四年……。到底、たどりつけるわけがない。

ましてや、他の銀河からなど、とうてい無理だ。

だから、他の銀河や惑星からエイリアンがやって来たなど、夢物語、幼稚なファンタジーにすぎない。

皮肉な冷笑が眼に浮かぶ。〝かれら〟にすれば、古代宇宙飛行士説などを唱える学者は、まさに〝マッド・サイエンティスト〟（気ちがい学者）そのものだ。

しかし、近年の「量子力学」の進展は、冷笑者たちの頬をひきつらせることになった。

●タイムマシンも可能になる

「量子力学」の三大理論①「ヒモ理論」、②「重ね合わせ」、③「テレポーテーション」を思い出してほしい。

〝情報〟は瞬時に百億光年先にまで伝わる。

そして、量子は同時に複数場所に存在できる。

さらに、量子は瞬間移動できる。

これは、星間移動（テレポーテーション）が理論上、可能であることを示している。

「惑星間テレポート」「ワープ航法」。これらは三流SF映画お得意の夢物語とされてきた。

しかし、これは極めて科学的な概念だったのだ。

ここで重要なのは、「人間は物質存在でなく、波動存在」という事実だ。

すなわち、人間は〝物質〟でなく〝情報〟にすぎない。それも〝量子波〟だ。

そして、量子論によれば、それは一瞬にして何億光年でも時空を超える。

これが、惑星間「テレポーテーション」理論だ。そして、それは時間を超える。

タイムマシンも可能となるのだ。

人類は火星に行っていた！「ペガサス計画」

●バシアゴ博士『火星生命の発見』

「……人類は火星に行っていた」

こう言ったら、周囲は呆れて吹き出すだろう。

しかし、それは現実なのだ。これも、わたしが言っているのではない。

アメリカでも最高レベルの知性の人々が顔出し、実名出しで、公にしているのだ。

二〇〇八年、衝撃の内部告発が行われた。

アンドリュー・Ｄ・バシアゴ博士が『火星生命の発見』という著作を発表したのだ。

彼はその本で、少年時代から大学時代にかけて、強制的に軍部の「時空トラベル実験」プロジェクトの被検者にされた、とカミングアウトした。

その最終目的は、火星への「テレポート」（瞬間移動）だった、という。

プロジェクト名は「ペガサス計画」。実行したのはペンタゴン（米国防総省）、ＤＡＲＰＡ（国防総省計画局）、ＣＩＡ（米中央情報局）など。わかりやすくいえば軍産複合体だ。

●高名学者、命賭けの告発

博士は、ただの内部告発者とは違う。環境科学部門では全米屈指の研究者だ。多数の論文を発表し、重ねて弁護士の資格も持っている。

これら重大な国家機密を明らかにすることは、博士自身にとって、なんのメリットもない。いっぽうで、不利益は計り知れない。アメリカを影から支配する軍産複合体の極秘プロジェクトの存在を暴いてしまったら、今日明日にでも口封じ、つまり暗殺されてもおかしくない。

彼が「ペガサス計画」に強制参加させられたのは、一九六〇年から七〇年代にかけてだ。

それから、なぜ長い間沈黙を保ってきたのか？

「火星テレポート」実験の後、彼は強力な〝心理ブロック〟処置で記憶を消去されていた。中高年になって、少しずつ当時の記憶が蘇ってきたのだ。

●アイゼンハワーと宇宙人密約

バシアゴ博士によると、火星への「テレポート実験が行われたのは、一九六〇年代。この頃、すでに人類は火星に上陸していた」。

まさに驚天動地の内部告発だ。

なぜ、そのようなことができたのか？

■「火星にテレポートし、タイムトラベルも体験」

写真4-5　アンドリュー・D・バシアゴ博士

それは五〇年代のアイゼンハワー大統領時代までさかのぼる。

アイゼンハワーはグレイ型宇宙人と面会し、密約を交わした。それは、彼らがアメリカ人を誘拐して人体実験することを認める代わりに、その超先端技術を入手するという交換条件だった。

この時、米国政府が求めたのが惑星間テレポート技術だった。

アイゼンハワーはエイリアンに三条件を出した。殺さない。傷つけない。記憶を消去する。

これら宇宙人との協定を記したのが「クリル文書」である。

●イーロン・マスク、火星への夢

二〇一二年、バシアゴ博士と共に、「ペガサス計画」告発会見に同席した女性がいる。

ローラ・アイゼンハワー氏。名前で判るようにアイゼンハワー大統領の曾孫《ひまご》だ。

彼女もバシアゴ博士と同じように、「火星の秘密基地」への〝ジャンプ〟を勧誘された、という。

そして、彼女は内部告発の道を選んだ。

「……この〝第三の選択〟に投じる数兆ドルもの無駄金を、人民の新たな目覚め、環境にやさしく自然と共存する新たな地球文明の建設という〝第四の選択〟に投じるべきだ」

■「火星到達『ペガサス計画』は実在した」

写真4-6　ローラ・アイゼンハワー氏

これに先立って、二〇一〇年三月、（火星など）地球外惑星への人類のプレゼンス（植民と定住）について、以下の声明を発表している。

「……計画は、けっして軍産複合体の暗黒の通路でなく、市民のチェックの元、明るい太陽の下で行われなければならない」

ここで――。テスラ社のイーロン・マスクの夢が理解できる。

彼は、とっくの昔に「ペガサス計画」の存在を知っている。そして〝スターゲイト〟（後述）の存在も。その上で彼は、ローラ・アイゼンハワーの理想を実現しようとしているのだ。

アポロ計画は偽装の壮大〝宇宙ショー〟

●米政府〝マーズゲート〟事件

バシアゴ博士は、今も勇気をもって訴え続けている。

「……アメリカの極秘火星進出計画の明白な証拠がある。米議会は、これら〝秘密基地〟の存在について、一刻も早く調査すべきだ」

さらに批判の手を緩《ゆる》めない。

「……ペンタゴンとNASAは火星進出という〝厳然たる事実〟を隠蔽している。この不誠実な態度こそ、〝ウォーターゲート事件〟ならぬ〝マーズゲート〟だ」（同）

バシアゴ博士の体験を全面的に肯定する学者がいる。

A・L・ウィーバー博士(一九四二年〜)。彼もバシアゴ博士同様、エリート学者だ。名門イェール大学卒。国際法で博士号取得。有名な宇宙条約の起草者に名を連ねる。

彼は「宇宙は生命に溢《あふ》れている」と断言する。

「……人類以上の文明レベルに到達した知的生命体が無数に存在する。大多数の異星人は物質・精神ともに高いレベルにたっしている」(ウィーバー博士)

さらに、こう断言する。

「……彼らは、超高度の時空トラベル技術を駆使して宇宙を自由に往来している。しかし、軍産複合体は、その真実を知りながら、UFOの宇宙技術やフリーエネルギー技術を隠し、独占している」(同)

そして、アイゼンハワー大統領の時代に、アメリカはエイリアンからテレポート技術を入手し、六〇年代には完成している。

●超極秘のテレポート技術

バシアゴ博士の告発は衝撃の一言だ。

彼は一二歳の少年時代にリンカーンの有名なゲティスバーグ演説の現場にタイムトラベルしている。彼はその後、古い雑誌を見ていて驚愕《きょうがく》する。当時の会場写真が掲載されており、なんと少

■少年バシアゴ博士がゲティスバーグ演説会場に！

写真 4-7

年時代の自分が写っているのだ！（写真4-7中央）

さらに、青年時代には火星テレポート実験に参加。そこには二〇歳前後のオバマ元大統領もいたという。

あのオバマも二回火星にテレポートしていた、というのだ。

さらにバシアゴ博士は、異なった地点から他の地点に瞬間移動する実験や、二〇四五年の未来への時空旅行も体験している、というのだ。

では――。

あのアポロ計画とは、いったいなんだったのだ……？

一言でいえば、軍産複合体が、時空テレポート技術を徹底隠蔽するためのカモフラージュ（偽装）として実行されたのだ。おそらく、アポロ計画実行者の九九%は、超極秘プロジェクト「ペガサス計画」の存在は知らなかったはずだ。

まさに、陰謀の闇は底無しだ……。

宇宙人は時空トラベルで飛来し地球に定住

●宇宙には〝穴〟が開いている

人類は「量子力学」により「テレポーテーション」の可能性に到達した。

しかし、宇宙人は、とっくの昔に時空トラベル技術によりこの地球に飛来しているのだ。

バシアゴ博士によれば、宇宙人から伝授された〝時空瞬間移動〟装置の部屋は〝ジャンプ・ルーム〟と呼ばれていた、という。そこに設置されていた移動装置が〝スターゲイト〟だ。

断っておくが、これはＳＦ映画の話ではない。

普通の人なら、「そんな都市伝説みたいな話……」と相手にもしないだろう。

ところが多くの宇宙科学者たちが〝天然スターゲイト〟は実在する、と主張している。

……それは、時空連続体に、極端に強力な電磁場とプラズマによって形成される。

通称〝ワームホール〟（プラズマ・トンネル）だ。この〝穴〟は、空間と空間を短絡する。

つまり、宇宙と宇宙の間、次元と次元の間、パラレルワールドとパラレルワールドの間にも存在するはずだ。

無数の宇宙人たち、はるか古代からこのテレポート技術で、地球に飛来して来ている。

そして――人類の文明に影響を与えてきたのだ。

それどころか類人猿を遺伝子操作して人類を生み出し、さらに支配下に置いてきたのだ。

ノルデック（北欧型）、レプティリアン（爬虫類型）などの宇宙人が人類と混血して、地球人に紛れて存在している。

……信じられないだろう。しかし、事実である。

●オカルト都市伝説ではない

つまり、宇宙には〝あの世〟と〝この世〟をつなぐ〝穴〟が、あちこち開いている。

この〝穴〟は人工的に作り出すこともできる。それが、星間瞬間移動を可能にする〝スターゲイト〟だ。無数のエイリアンたちは、このテレポート技術で飛来しているのだ。

バシアゴ少年は、そこから過去に飛び、未来に飛んだ。

さらに青年時代には二回、火星にも到達している。そこで若きオバマに会った、とは驚きだ。

もはや、オカルトとか、都市伝説と笑っている場合ではない。

われわれは、ここまで巧妙に洗脳されてきたのだ。

テレビ、新聞は、今日もくだらない情報を垂れ流し続けている。

そして、われわれは、それらがこの世の〝真実〟だと思い込まされている。

まさに、愚民化そのものだ。

そうして、いっぽうで真実を伝えようとする者は弾圧される。

口封じで消された人たちも数知れない。

バシアゴ博士らは、沈黙より公表の手段を選んだ。

名前と顔を世に出したほうが、暗殺のリスクは格段に低くなるからだ。

●人類は真実にめざめる時

宇宙は未知の驚きに満ちている。

……すでに時空トラベル技術によって、火星へのルートが開かれている！

すでに多くの人間が火星に植民し、基地まで存在しているとは……！　表向きの旧来のロケット技術による莫大予算をかけた宇宙開発計画はいったい、何のためにあるのか？

ＮＡＳＡとペンタゴンのコンピュータに侵入したゲーリー・マッキノンという人物がいる。彼が確認したところ、アメリカ軍は、すでに火星へも往復可能な〝宇宙艦隊《かんたい》〟も、秘密裡に所有しているという。これは表向きの宇宙開発にも対応したものかもしれない。他方では地球―火星間の〝スターゲイト〟を通じて直接、人間や物資を送り込んでいる。一見、矛盾するように思える。これはまさに〝スターゲイト〟を隠蔽《いんぺい》するための壮大な二面作戦といえるだろう。

以上――。

ＮＡＳＡはすべてを隠している。米政府も、ペンタゴン（米国防総省）も同様だ。世界を裏から支配するディープステートの闇は深い。

日常、〝やつら〟がメディアで与える情報は嘘だ。裏の情報にこそ真実がある。

ナチス、米国、ソ連も宇宙人と交流していた

●テレポート技術で火星へ

一九五〇年代、アイゼンハワー大統領がエイリアンと面会していた！

その目的は、宇宙人の持つ超先進技術の取得である。

それは、①テレポート技術、②反重力航法、③遺伝子組み換え技術だ。

米国政府は国民のＵＦＯアブダクト（誘拐）を承認する見返りに、これら技術を獲得したのだ。

こうして六〇年代、すでに火星へのテレポートが実現した。物資も輸送し基地まで建設されている！　それは実験要員として火星に〝飛んだ〟バシアゴ博士の証言からも明らかだ。

これら事実と技術は、超極秘であった。

だからプロジェクト参加者には記憶消去などの処置が施されたのだ。

アイゼンハワーが宇宙人と面会していたことに驚いてはいけない。

それにさきがけ、あのヒトラーとナチスも宇宙人と接触している。

かれらは入手した反重力航法で、ナチス製ＵＦＯまで製造していた、という。

だから戦後、米政府もソ連も、先を争ってＵＦＯ技術の獲得を目指したのだ。

●民需・軍需で情報を独占

〝かれら〟はUFO、エイリアン情報を徹底的に隠蔽した。

それには理由がある。宇宙人の先進技術の独占だ。

それは、民需・軍需、両面で貴重だった。

これら超技術を独占すれば、産業面でも軍事面でも、他国より圧倒的に優位に立てる。

だから、「ペガサス計画」などは超極秘プロジェクトだったのだ。

〝かれら〟にとって、記憶消去したはずのバシアゴ博士やローラ女史の内部告発は想定外だった。

しかし、顔出しでの会見後、口封じで〝暗殺〟するのは逆効果だ。

世間の疑問と怒りに火を付けてしまう。

だから、ディープステートは、〝黙殺〟という対応で沈静化をはかった。

〝かれら〟は地球上のすべての大手ジャーナリズムと、アカデミズムを完全支配している。

だから、黙殺と圧殺で、内部告発の情報を封印してきたのだ。

そして、告発者には陰に陽に、圧力と脅迫が行われてきたはずだ。

それにも怯《おび》えず、発言と行動を続けている博士、ローラ女史には感服する。

ＵＦＯ・エイリアン回収、極秘プロジェクト

●UFO戦で米兵百人超が死亡

人類とＵＦＯとの接触事件では一九四七年、ロズウェル事件が有名だ。しかし、じつは戦後七〇年余、米国政府は極秘裏に、墜落ＵＦＯとエイリアンの回収作戦を行っていたのだ。

二〇二三年六月、メディアに対して、米軍の元情報将校グラシェ氏が爆弾証言を行った。

「ペンタゴン（米国防総省）内部には、数十年にわたって墜落ＵＦＯとエイリアンを回収する極秘プロジェクトが存在している」「……回収の目的は、ＵＦＯ機体のリバース・エンジニアリング（分解検証）」「搭乗エイリアンの死体なども回収している」

彼は、その後行われた政府の公聴会でも、宣誓《せんせい》の上、同様の証言を行った。

そして、「生命の危険も感じた」とも発言している。

口封じの暗殺の魔手が身近にも及んでいたのだ。

ＦＯＸニュースで熱血キャスターとして人気だったタッカー・カールソンは二〇二三年三月、突然、解雇された。手を差し伸べたのがイーロン・マスクだ。みずから買収したツイッター（現在は〝Ｘ〟）へ招いた。そこで、水を得たカールソンはスクープ動画を連発。その再生回数は約一億回と驚異的。そこでは「米政府は宇宙人の存在を隠蔽している」「一〇〇人以上の米兵が、

ＵＦＯとの戦闘で死亡」など、衝撃ニュースを配信している。

●トランプ、宇宙人と面会

さらに、ＵＦＯ回収プロジェクトの作業員まで内部告発。

「……墜落した九ｍのＵＦＯの内部に潜り込んだら、中はサッカー競技場のように広い空間だった。一、二分で外部に出たが、ＵＦＯの外では四時間も経っていた」

さらに、タッカー・カールソンはトランプ元大統領が二〇二三年四月に英国でノルデック（北欧型）宇宙人の代表と面会した、と驚愕スクープを配信している。さらに、銀髪の宇宙人とトランプのツーショット写真まで公開。さらに、トランプ自身も、メディアに登場して宇宙人の存在を暴露し、米国政府の隠蔽工作を批判している。

二〇二三年六月以降、これら衝撃ニュースが、堰《せき》を切ったように噴出している。

もはや、だれも隠しきれない。

ＵＦＯ、エイリアン……さらに、テレポート技術、火星基地……など。

衝撃真実が白日の下にさらされる瞬間に向かって、カウントダウンが始まった。

（参照拙著『幽体離脱　量子論が〝謎〟を、とく！』ビジネス社）

第5章

「超能力」「遠隔治療」「祈り」「愛」の奇跡

──「量子力学」が、すべての〝謎〟を鮮やかに解明

古来、人智の及ばぬ〝謎〟の現象だった

●奇妙キテレツ摩訶不思議

「……従来の論理で説明しきれない〝世界〟が実在する」

心理学者ユングは、そう断言している。

それが「超能力」「超常現象」だ。「量子力学」は、これら神秘「透視」「予知」「テレパシー」……などを見事に解明する。じっさい、超能力者はトランプの数字などを当てたり、相手の心理を読む、あるいは未来に起こることを当てることができる。

さらに「遠隔透視」（リモートトビューイング）は、まったく行ったことのない場所を〝見る〟能力だ。「念動」（サイコキネシス）は、スプーン曲げで有名。念力（念じる力）で、物質に変化を与えるのだ。

まだまだある。「瞬間移動」（テレポーテーション）など、「超能力」の極致だろう。

物質や人間が、突然消えたり、別の場所に現れる……。あるいは空中から突然、物が現れる。

死者の声を聞く「降霊」「憑依」なども、「超能力」の一種だ。日本では恐山のイタコが有名だ。

「念写」「自動書記」も興味深い。本人の意志に反して、手が勝手に動いて文章を綴《つづ》る。

たとえば天理教の経典「おふでさき」は、教祖・中山みきが親神の教えを綴《つづ》ったものだ。

これは「天啓」の一種。天から声が聞こえて来て真理と使命にめざめる。

新興宗教の教祖には「天啓」で開眼した人が多い。

「踊る宗教」の北村サヨなどは、一介の農婦が「天啓」で強烈なカリスマ教祖に転じた例だ。

さらには「生まれ変わり」なども、かつては「超能力」の一種だと思われていた。

●古今超能力者たちの受難

まさにこれらの現象は、摩訶不思議……。

古来から、それらは禍々《まがまが》しい奇怪現象とされていた。鬼道とか魔道などとよばれ、忌み嫌われてきた。キリスト教社会の西洋でも、これら超能力者は受難にさらされた。

魔女狩りなど格好の標的にされたのは、いうまでもない。

悪魔払い（エクソシスト）などは、そのための呪術だった。

だから、先天的な超能力者は、このような受難を避けるため、ひっそり身を潜めて生きていたのだ。それは、現在も変わらない。

マジック喫茶としてあまりに有名なのが、長崎の「あんでるせん」だ。

わたしも船瀬塾の面々と訪ねてみた。そして、驚嘆驚愕した。

伝説のマスターの「超能力」は本物だった。まさに神懸かり。

おそらく世界でも五指に入るエスパー（超能力者）だ。しかし、外見はまったく気さくな普通人。マジック喫茶のオヤジを演じて、心から楽しんでいるよう。

しかし、写真はNG。彼の「超能力」を〝闇勢力〟が知ったら、拉致《らち》されかねない。

関英男博士のパイオニアワーク

●科学者だから未知に挑戦

アカデミズムの世界も、「超能力」を疎《うと》んじてきた。理解不能、説明不能……だったからだ。

「それは迷信だ」「非科学」「インキチだ」

そういうレッテルを貼って、見て見ぬふりをしてきた。

知識人の自己保身で、かれらは〝逃げた〟のだ。

しかし、真摯《しんし》な研究者ほど、超常現象に興味を抱いて当然だ。

〝逃げなかった〟研究者こそ、称賛に値する。

■「超能力」を探求した真の科学者

写真 5-1　関英男博士

この筆頭が関英男《せきひでお》博士（工学）だ。一九〇五年、山形生まれ。東京工業大学、東海大学の教授を歴任。著書多数。その一冊が『超能力』（カッパブックス）。初版が昭和五八年（一九八三年）。今から四〇年も〝昔〟だ。

だから、「量子力学」などもまったく注目されていなかった。『超能力』裏表紙の政木和三氏（元大阪大学工学部工作センター長）の推薦文には唸《うな》らされる。

「……テレパシーや予知力、念力などは、科学のまともな対象にならないと無視したり、冷笑する人はまだまだ多い。だが、いったい在来の科学で、自然の何分の一が解明されているというのだろう」「未知の現象や奇跡に対して、『そんなことがあるはずがない』と否定するのは、頭の固さとともに、科学力が不足している」「関先生は、専門の電波工学、電子工学の研究を導入して、『超能力』という未知の領域に挑戦し、解明のメスをふるってきた。それは『科学者のくせに』ではなく『科学者だから』そうしなければいられなかったのだ」

●米ソ軍「超能力」を研究

日本で、関博士ほど超能力の解明に挑んだ研究者はいない。

「……念力で曲げたスプーンの破断面は、物理的に曲げたスプーンの破断面とは、ことなっている」「予知力のある人、念力の強い人、透視ができる人など、人によってタイプはちがうが、この本で自分の中の秘密の力を知れば、成果はまったく変わるだろう」（同書）

関博士は、当時からアメリカ、ソ連双方で、巨額予算を投じ、軍事利用の目的で「超能力」研究が熱心に行われている、と指摘している。

それは、両国軍部が「超能力」の存在の効用を認めているからに他ならない。

同書で博士の次の言葉に惹かれた。

「……専門の電波工学の立場から、『超能力』に一つの手がかりを出している。それは〝幽子〟という極微の素粒子が、鍵をにぎっているのではないか、という仮説で、この本を読まれるうちに、『超能力』を裏づける理論になっている」（まえがき）

博士は、さらに小さい〝サイ粒子〟が集まって〝幽子〟を形成する、と仮説している。

「……〝サイ粒子〟が宇宙空間を飛び回っているときは宇宙微子、生命のなかに入ったときに生命微子と呼ぶ。昔から、東洋では『気』というものがいわれてきたが、宇宙微子と生命微子の総称して『気』と考えていい」（関博士）

博士が提唱する〝サイ粒子〟とは、「量子力学」でいうクォークなど〝量子〟そのものではないか？　スゴい直感力だと感服する。

量子論三大原理が「超能力」を見事に解明

確立した。

これで、「超能力」現象は、すべて解明できる。

●全ては量子の〝ふるまい〟

その後、量子論は①「ヒモ理論」、②「重ね合わせ」、③「テレポーテーション」の三大理論を

「幽体離脱」：「ヒモ理論」「重ね合わせ」で説明可能である。
「透視」：視覚情報も量子波なので物質を突き抜け感知可能。
「遠隔透視」：テレビューイング。量子波に距離は無関係だ。
「予知」：量子情報は時空をテレポートする。未来も見える。
「後知」：過去が見える。テレポーテート理論で解明される。
「読心」：「テレパシー」。意識は量子波だから心も読める。
「念力」：意識（量子波）エネルギーで物（量子波）も動く。
「降霊」：浮遊する「幽体」と共鳴して記憶情報を受け取る。
「馮依」：浮遊「幽体」情報と自己意識（量子波）が共鳴。

「天啓」：宇宙の高度な「魂」量子波に自己意識がシンクロ。

「自動書記」：高度「霊波」が筋肉を動かし文に変換される。

「瞬間移動」：「ヒモ理論」「同時多存在」「テレポート」証明。

名前も、描く絵も、ダイスもお見通し

●黒澤明監督の霊が怒鳴った

わたしが見聞し、体験した超常現象について考察する。

『幽体離脱　量子論が〝謎〟を、とく！』（前出）で紹介した黒澤明監督の霊。死後三日目の深夜、側近を訪ねている。雨戸が激しく叩かれた。

これは、監督の幽体が強烈な量子波動エネルギーを持っていたことの証明だ。

「念力」（サイコキネシス）は、意識（量子波）が、物理的エネルギーを発揮することを示す。

同様に、死者の幽体（量子波）も物理エネルギーを発揮する。

「ポルターガイスト」と呼ばれる現象がそれだ。

監督は「俺は逝くからな！」と怒鳴った。声がはっきり聞こえたのは、幻聴ではない。

やはり「念動」で、空気を震わせ音波となって伝わったのだ。

この異常体験は、夢や幻覚ではない。監督の長女和子さんも、父親の亡くなったその夜、同じ

体験をしているからだ。

●喫茶あんでるせんの仰天

前述のマジック喫茶あんでるせんでは仰天の連続だった。

まず、マスターがお客に次々に名前で親しく呼びかけるのにビックリ。

とうぜん、初めての客だ。一緒に行った伊達小枝子さんは「サエコさん、小さい枝の子どもですね」に、「キャアー！」。マスターの「読心」（テレパシー）は凄い。

「好きな人の名前を書いて」と言われ、隣の女性はおずおずと「×××さん」と書いた。わたしも覗き見で確認。するとマスター、にこにこしながら、「残念だけど、×××さん、脈ありませんねぇ（笑）」

さらに、紙コップの中にダイスを三つずつ入れて三人に各々持たせ、振ってもらう。

そして、出た三つの目を端から次々に言い当てる。ものすごい「テレビューイング」だ。

●来店後に客が描く絵も予知

船瀬塾の塾生、㈱布良の前島亮介さんの驚愕体験を紹介しよう。

前島さんは、マスターから「紙に好きな絵を描いて」と言われてミッキーマウスを描いた。

すると、「今朝、ぼくが描いたものです。開けてみてください」

■前島さんが午後に描いた（左）マスターが朝、描いた（右）

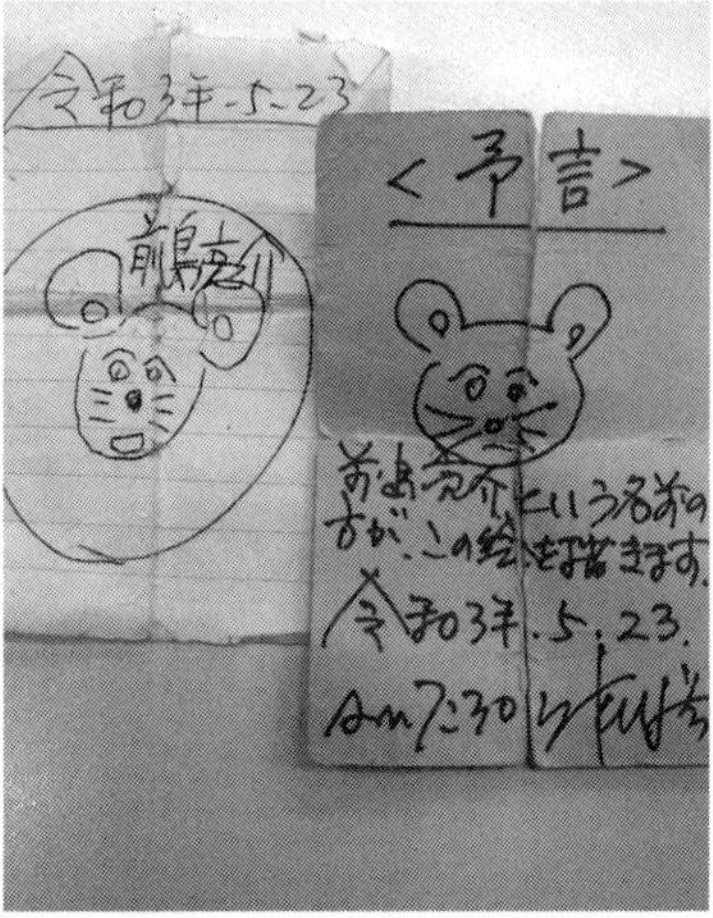

写真 5-2

中には紙片が入っていて、マスターが描いたミッキーマウス。詳細までそっくり（写真5-2）。

さらに、マスターはメモ書きで、前島さんがこの絵を描くことを予言している。

つまり、マスターは、その日の朝の時点で、前島さんが来店することとミッキーマウスを描くことを、言い当てていたのだ。

前島さん自身は来店予約していない。

また、どんなイラスト描くのか、その場で思いついた。

それをズバリ当てた！　マスターの恐るべき予知能力だ。

●店を出た後に仰天サプライズ

広島のマジック喫茶の驚愕体験も忘れ難い。

このご主人も、明らかにエスパーだった。講演会の打ち上げで皆で押しかけた。

やはり、あんでるせん並みのマジックが続出。大いに盛り上がった。

そして、お開きかというとき、マスターは「サプライズがありますよ」と悪戯《いたずら》っぽく言った。

「何だろう？」と思いながら店の外へ。すると、連れの女性の一人が、「あれ、この携帯何だろ？」と肩掛けバッグを覗く。白いスマホに「あたしのじゃないわ」と首をかしげる。

それが目に止まったので「俺のに似てるなあ」と、手にとって暗証番号を入力。

思わず叫んだ。「俺のだ！」「どうして？」

お店のカウンターでは携帯を上着のポケットに入れていた。

それが、どうして数ｍも離れた場所にいた女性のバッグの中に……!?

その女性も「やだぁ、怖ーい」とふるえ上がる。

別れぎわに店主が言った「サプライズ」とは、このことだった……！

店主が、スマホを離れた場所の女性のバッグに「テレポート」（瞬間移動）させたのだ。

しかし、彼女が店を出てバッグを開けなければスマホはそのまま持っていかれるところだった。

店外で、それもわたしの目前でバッグを開けることまで、彼は予知し演出していた……。

……まさに、サプライズ。「超能力」おそるべし。

「遠隔」治療のミステリーとは？

●地球の裏側でも一瞬

「波動医学」でも、もっともミステリアスな施術――それが遠隔治療だ（33ページ参照）。

まず、相手に触れない。それどころか目の前にもいない。

古来よりよく知られている遠隔気功がそれだ。

一m離れていても、地球の裏側でも、効果は同じ。

どこかで聞いたことがあるはず。そう、「ヒモ理論」だ。「量子力学」三大原理の一つ。

「一m離れていても、一億光年離れていても、同じように反応する」

遠隔気功の原理こそ、「ヒモ理論」そのものなのだ。

さらに、距離は一mでも、地球の裏側でも、気功師の「気」(情報)は一瞬で飛ぶ。

だから、これは「テレポーテーション」そのもの。

●テレポート実験に成功!

ここで、「テレポーテーション」についておさらいをしておく。

それは、光子などの量子を使って、離れた場所に「瞬時に〝情報〟を送る」技術だ。

世界で初めて完全な量子「テレポーテーション」の実験に成功したのは日本人だった。

当時、㈱ニコンに勤務していた物理学者、古澤明氏(後に東大助教授)たちの研究チームが快挙をなした。レーザー光で作成した特殊な二つの光子で、実験に成功したのだ。

「……量子テレポーテーションでは、A地点にあった光子Aは消滅してしまいます。そのかわり、B地点にあった光子Bが、光子Aと同じデータをもって現れるのです。それでは、別々の光子で、テレポートなどしていないではないか、と思うかもしれませんが、光子は一個一個の区別がつきませんから、もっているデータが同じなら、〝同じ光子〟だと考えるのです」（『量子論のすべてがわかる本』学研）

この現象の基本が、「ヒモ理論」なのだ。

●〝気〟は相手に瞬間移動

気功師は、施術する相手に「気」を送る。それは、エネルギー波動である。

英語で〝バイタル・フォース〟。文字通り〝生命力〟だ。

マックス・プランクが喝破したように、宇宙も人体も物質ではない。万物はすべて、波動エネルギー体にすぎない。つまり人体も〝振動する〟エネルギー情報にすぎない。

その最小単位とみなされるのが量子なのだ。

それも、「超弦理論」によれば素粒子でない。

だから、量子より量子波が正確だ。そして、形状は〝ヒモ〟なのだ。

つまり、万物の最小単位は、ミクロの振動するヒモ状の〝場〟と、言い表せる。

前出書によれば、片方の量子波Aが消滅しても、他方の量子波Bは残る。

Aの情報はBにテレポートしている。Aの情報はBに瞬時に飛んでいる。

まさに、これが瞬間テレポートの原理であり、遠隔気功メカニズムなのだ。

東京─仙台、遠隔気功の「実験」成功！

●すでに遠隔気功は広く普及

遠隔気功を謳《うた》い、実践している気功師もいる。

気功師の世界ではすでに、遠隔効果が医学的・科学的に認知されているのだ。

ただし、その理論、メカニズムについて質問されると、困惑する気功師も多いだろう。

これら東洋医学は、体験科学に基づいている。

それは、何十世代にもわたる経験知により効果効用が確定してきたのだ。

医薬品認可の臨床試験すら、約四分の三が〝捏造《ねつぞう》〟という不正だらけなのが西洋医学だ。

それより、はるかに信頼性が高いことは、いうまでもない。

「……遠隔施術といっても、本質は普通の気功と一緒です。対面式で目の前にいる患者さんに対して気を送るのか、遠隔方式で遠くにいる患者さんに気を送るかだけの違いなのです」

「単に距離があるだけなので、気が届きさえすれば、あとは本人の体にある約60兆ともいわれている細胞同士が調和することで本人の自然治癒力を引き出すことができます」（kyouinokikou.tilda.ws）

遠くにいても、患者がすることは施術時間にゆったり横になっているだけだ。終わったら気功師から連絡が入って、完了。

「信じがたい話かもしれませんが、実際に体験してみれば本当だったんだと気づいてもらえると思います」(同)

●血流、自律神経、脳内酸素

遠隔気功の治療効果については、旧科学技術庁と東京工大が行った共同研究が有名だ。

やはり、気功師が遠隔地の受け手に〝気〟を送り、その反応を測定したものだ。

ここでも、遠隔から〝気〟が送られていることが、ハッキリ証明されている。

近年でも、次のような臨床実験がある。

実験は、東京の気功師から仙台の患者に「気」を送ってもらった。同時に、受け手の生理変化を測定。むろん、受け手には、いつ気功師が「気」を送ったかいっさい知らせてはいない。

まず、受け手(患者側)に、三通りの測定器機を装着する。それから、東京の気功師から仙台の受け手に「気」を送り、そのときの受け手の主観的、臨床的「変化」を記録・測定した。

①血流変化(血流量を測定)

②自律神経変化(単一矩形パルス測定法)

③脳内酸素代謝(近赤外線分光法)

その結果は――。

「……患者（受け手）には、日ごろ不調な体の部分の動きが生じた。さらに下腹部に陥没が起こった（お腹がへこんだ）。さらに、患者は『気』を送られたときに、『光のイメージ』を見ている。そして、心身ともに充足感を感じた」（『国際生命情報科学会誌』2001年19巻1号、200～209頁）

これら、患者の主観的な感想に伴って、①②③の生理測定で、いずれも良好な「生体変化が計測された」のである。すなわち遠隔気功の効果は完全に証明された。

「祈られた」患者ほど病気は改善する

●引き寄せ法則で量子波が届く

遠隔気功に似たものに、「祈り」がある。

昨今、「祈り」の治療効果が、医学界からも注目されている。

「……『祈り』で病気が治るなら、医者もクスリ屋もいりませんよ」

と、うそぶく研究者もいるだろう。

ところが、「祈り」でほんとうに病気が治っているのだ。

わたしは調べてみて、「祈り」の効果に関する研究論文が世界で一〇〇〇件以上あることを知って驚いた。それほど、「祈り」効果に着目している研究者が多いのだ。

「祈り」の効果は、遠隔気功に通じるだろう。
一方は、熟達した気功師が、遠方の患者に「気」を送る。
他方は、愛する人を思って、病気や不幸から回復を祈る。

●祈り・願いは、必ず相手へ

「……量子波は、〝気〟のエネルギーです。日本サイ科学会をつくった故・関英男先生は、〝気〟を〝サイ粒子〟と言った。だが、まだ見つかっていない。たぶんニュートリノより小さいです。それから、測定すると人間の体から、常時、一秒間に一万個も、ニュートリノがでているそうです。人間の体は素粒子をドンドン出している、最近の測定技術で判明しています。量子エネルギーは、光子と電子に変換可能です。これは証明されている。だから、量子を受けると、それは光になったり、電気になったりする。素粒子エネルギーが電気と光に変わる。つまり、生体電流が変わったり、色々な変化が起きる。その現象も説明できる。神秘のベールが、ドンドンはがれています」（船瀬俊介／飛沢誠一著『未来をつかめ！量子テレポーテーションの世界』ヒカルランド）

人の〝意識〟や〝心〟は量子波です。だから、〝祈り〟も量子波なのです。

体から毎秒一万個も放射されるニュートリノという量子波の多くは、〝意識〟から放出するのです。そして、この量子波は、近くても遠くても、「テレポーテーション」理論で遠距離すら超えて、波動エネルギーは受け手に届く。

なぜ相手に届くのか？　それは量子論で証明された「引き寄せ」法則による。

●心臓病治癒に五・三倍大差

相手に届いた「祈り」量子波は、光子や生体電流に変わる。

それらが、ある種の治療効果をあげている可能性がある。

カリフォルニア大学で行われた実験がある。

……心臓病の患者三九三人を一九二人と二〇一人の二つのグループに分けた。一九二人にだけ、毎日、多くの人々から祈りを送ってもらった。すると、祈られたグループでは九人の症状が悪化したのに対し、祈られなかったグループでは、四八人も悪化していた。

「祈り」という他者による行為が、心臓病の治癒に五・三倍もの大差を付けたのだ。

●祈る人ほど幸福で長命

他者の幸せを祈ることは、自分の幸せを祈ることでもあります。

多くの研究によれば「人の幸せ」を祈る人ほど、自らも幸福であることが立証されている。

四九六人を四グループに分けた。①「他者を祈る」②「祈ってもらう」③「神にゆだねるよう祈ってもらう」④「祈らない、祈ってもらわない」。

「祈り」は毎日一五分、三か月続けられた。

その結果は――。「他者の幸せを祈る」人が、もっとも心理的に満たされ、健康だった。

他者への愛の「祈り」は、なんと本人にも返って来るのです。

「愛」のホルモン〝オキシトシン〟に満ちた人生

●かんたん！　優しくなればいい

『人のために祈ると超健康になる！』（マキノ出版）という、ズバリのタイトルの本がある。

著者は、高橋徳医師（米ウィスコンシン大学名誉教授）。わたしの愛すべき友人の一人だ。

この本は「脳内ホルモン〝オキシトシン〟が、病気を治し、幸せを呼ぶ！」と呼びかける。

「……人から優しくされたり、愛されたりすると、〝オキシトシン〟が産生されます。一方、人を愛したり、人に優しくすることでも、〝オキシトシン〟がたくさん出ます」（高橋医師）

これらは、一言でいえば「愛」です。

つまり、「愛」に生きれば、〝オキシトシン〟に満ちた幸せな人生を送ることができるのです。

それは、むずかしいことではない。

人を好きになり、やさしくすればいい。じつに、あっけない。

そのごほうびが〝オキシトシン〟なのです。

■ストレスは不快ホルモン（左）と怒りホルモン（右）を産生

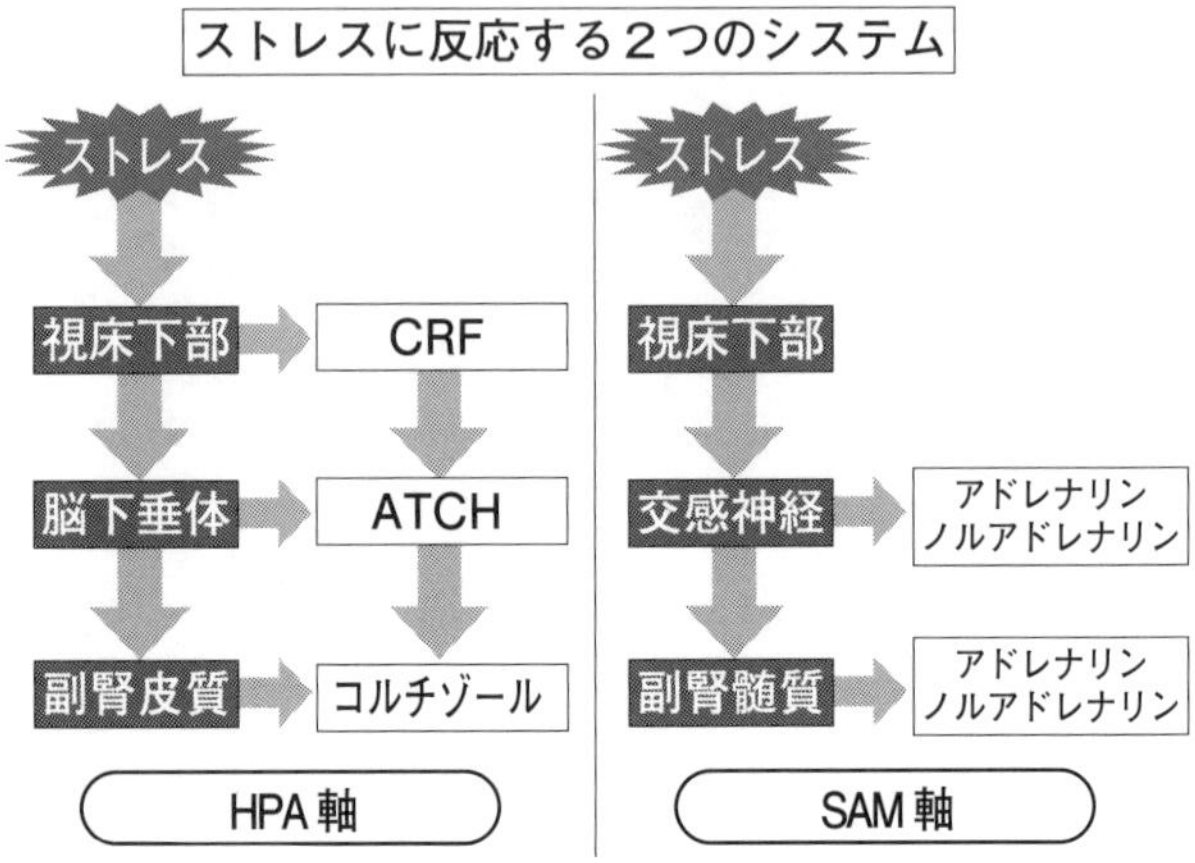
ストレスに反応する２つのシステム
ストレス
視床下部
CRF
脳下垂体
ATCH
副腎皮質
コルチゾール
HPA軸
ストレス
視床下部
交感神経
アドレナリン
ノルアドレナリン
副腎髄質
アドレナリン
ノルアドレナリン
SAM軸

図 5-3

●愛のホルモンはストレスを消す

〝オキシトシン〟が分泌されると、どうしてハッピーな人生が送れるのか？

その理由のひとつが、〝オキシトシン〟の抗ストレス効果です。

はやくいえば、ストレスを打ち消してくれる。

「……〝オキシトシン〟には、抗ストレス作用があり、視床下部から分泌されると、ストレスの大本であるCRFの産生をへらす」（同書）

ここでいうCRFとは、「副腎皮質ホルモン放出因子」のこと。

ストレスに対する人体の反応を見てみよう。

まず、CRFが放出されると、脳下垂体から〝ストレスホルモン〟（コルチゾール）放出が加速する（図5-3左）。

〝コルチゾール〟は副腎皮質ホルモンの代表で、人間がストレスを感じて「嫌だな」と思った瞬間に分泌される。

弱い毒性があり、身体は不快になる。

だから、別名〝不快ホルモン〟と呼ばれる。


「苦悩」の正体が、わかった……!

●怒りホルモン・攻撃ホルモン

しかしこれは、まだ可愛いほうだ。図5−3右は、もっとおそろしい。

ストレスを受けると二種のアドレナリン類が出る。これらは「怒りホルモン」「攻撃ホルモン」と呼ばれ、強い毒性がある。毒蛇の三〜四倍という猛毒だ。

それは、ストレスで「怖い」と感じた瞬間に分泌される。

「恐怖」は、「不安」「怒り」「憎しみ」を引き起こす。

だから、アドレナリン類は「憎しみ」ホルモンなどと呼ばれる。

とにかく、アドレナリン類が分泌されるとムカムカしてくる。毒蛇の三〜四倍の猛毒だ。

気分が悪くなるのも当然だ。それが体内を血液に乗って駆けめぐる。

つまりアドレナリンは、外敵の存在を知らせる〝警報〟の役割を果たしている。

外敵が現れたら、採る手段は二つしかない。「攻撃」か「逃走」か……。

どちらにせよ、「筋肉」には酸素と栄養が必要になる。

そこで、「血圧」は上昇し「脈拍」は早まる。「血糖値」は跳ね上がる。まさに臨戦状態……。

このように、アドレナリン（怒りホルモン）とノルアドレナリン（攻撃ホルモン）は、動物が敵から生き延びるため、自然が与えてくれた〝生存装置〟なのです。

●上司はブン殴れない

野生動物なら、話はかんたんです。敵に出会った瞬間、「逃走」か「攻撃」の二者択一。

いずれにせよ、一瞬で決まる。逃げ延びて巣穴で休めば、怒りホルモン、攻撃ホルモンも分解されて消えていく。こうしてすぐに、平安な日常に戻ることができる。

しかし、人間サマはこうはいかない。

職場で上司に怒鳴られた。野生世界なら〝敵〟と遭遇だ。

動物なら「憎しみホルモン」アドレナリン類が分泌された瞬間に、「逃走」か「攻撃」すれば一瞬で済む。

しかし、人間は、職場で上司をボコボコにするわけにはいかない。だから、耐える。

この間も、アドレナリン（怒りホルモン）とノルアドレナリン（攻撃）ホルモンはダダもれ、出っぱなした。これは苦しい。つらい。なにしろ毒蛇の三、四倍も猛毒なのだ。

それが体内をかけめぐる。ムカムカして、吐き気がしてくる。心臓はバクバクしている。

血圧もあがって、頭がクラクラする。ヤバい……。

アドレナリンより毒性は弱いものの、コルチゾールも血糖値を挙げて、闘争（逃走）の準備をする。すると、ムカつきはさらに募《つの》る。

●これが「苦悩」の正体

このようにストレスは、不快ホルモン、怒りホルモン、攻撃ホルモンの分泌をうながす。

その毒性の不快感とむかつきに苦しむ。これが「苦悩」の正体なのです。

釈迦も、キリストも、人々を苦しみから解放するために人生を捧げました。

そして――。苦しみからの解放とは、これら〝不快〟ホルモンからの解放なのです。

こうしてみると、「苦悩」からの解放も、じつにかんたんです。

苦しみ、憎しみのホルモンを出さなければいいのです。

そんなことができるのか？　できるのです。

相手を「嫌わず」、「好き」になればいい。

すると、もう不快ホルモン（コルチゾール）も憎しみホルモン（アドレナリン類）も出ない。

だから、まったく不快でもない。苦しくもない。

さようなら憎しみホルモン、こんにちは喜びホルモン

●「汝の敵を友とせよ」

ここで、冷静になって考えてみましょう。

なぜ、あなたは不快で、イライラしているのか？

それは体内に生じたコルチゾール（不快ホルモン）、アドレナリン群（憎しみホルモン）の〝毒性〟のためです。体中を〝毒〟がめぐるのです。気分が悪くなってとうぜんです。

そのきっかけは、「敵が来るぞ！」の一言です。

そこで、イエス・キリストの〝山上の垂訓〟を思い出しましょう。

「汝の敵を愛せ」「汝の敵を友とせよ」

なんと、すばらしい言葉でしょう！

「やって来るのは敵ではない」「友達が来るのだ」

そう思った瞬間に、ふっと心が軽くなります。気づいたら、あのムカムカも、イライラも消えている。なにか、体がふわっと軽くなった。なんと、気分がいいんだろう。

このとき、あなたの体でどんな変化が起こったのか？

●愛のホルモンで満たされる

「友達が来る」と思った瞬間、不快ホルモン（コルチゾール）、憎しみホルモン（アドレナリン群）が、ピタッと止まった。

そして――。愛のホルモン〝オキシトシン〟が、ぶわっと沸いてきた。

だから、体はかるくなり、心はあたたかくなってきた。いやでも笑顔がわいてくる。

憎しみホルモンが消えうせ愛情ホルモンが沸きあがるだけで、こんなにも変化が起こるのです。

イエスはまさに、歴史上最高の心理学者です。

イエスだけではありません。釈迦もそうです。彼は他者への〝いつくしみ〟を説きました。

そうすると、不思議なことに、みずからの心も安らぎに満たされるのです。

それも愛のホルモン〝オキシトシン〟のなせるわざです。

釈迦もまた気高い心理学者であった、というべきでしょう。

かれらは、〝心〟こそがすべてを支配していることを、教えてくれるのです。

「幸福」ホルモン四天王とともに生きる

●愛情、快感、感動、理性……

心身を、「愛」のホルモン〝オキシトシン〟で満たす。

すると、さらにいいことがおこります。

なんとなく、体が心地よくなってくる。気持ちいいという感じが広がってくる。

快感ホルモン〝エンドレフィン〟が分泌されているのです。

さらに、空ゆく雲を見上げていると、生きてるっていいな、と思う。涙がこみあげてきそうだ。

感動ホルモン〝ドーパミン〟が分泌されているのです。

それだけではない。不思議に心が落ち着いてくる。

生き方をきちんと見直そう。そんな気持ちがしてきた。

理性ホルモン〝セロトニン〟も分泌されてきたのです。

これは、感情をしずめて、合理的に物事を考えるように心身の状態を整えてくれます。

●喜びに満ちた人生を

心を、「憎しみ」から「愛」にシフトするだけで、これだけいいことがあるのです。

①愛情ホルモン〝オキシトシン〟
②快感ホルモン〝エンドレフィン〟
③感動ホルモン〝ドーパミン〟
④理性ホルモン〝セロトニン〟

――これらは、まさに「幸福」ホルモンの四天王です。

「憎しみ」ホルモンで、苦しみに満ちた人生を送るのか？

「幸福」のホルモンで、喜びに満ちた人生を送るのか？

どちらがかしこい生き方か、もはやいうまでもないでしょう。

「愛」は最高の哲学であり科学である

●「愛する」「愛される」

こうした最高に幸福な生き方へのスイッチは、〝オキシトシン〟です。

「祈り」について思い出してください。

もっとも幸福になったのは、「他者のために祈った人」なのです。

高橋徳医師は、明言します。

「……『愛する』ことで、『愛される』ときと同じように〝オキシトシン〟は増えるのです」

驚いたことに、それは動物でも同じです。

「……よく世話をされたラットと同じように、世話をしたラットの脳でも、〝オキシトシン〟は多く分泌されます。つまり、ストレスをかけられたラットを、巣箱で、かいがいしく世話をする

■苦しむラットをケアしたラットにも愛のホルモンが！

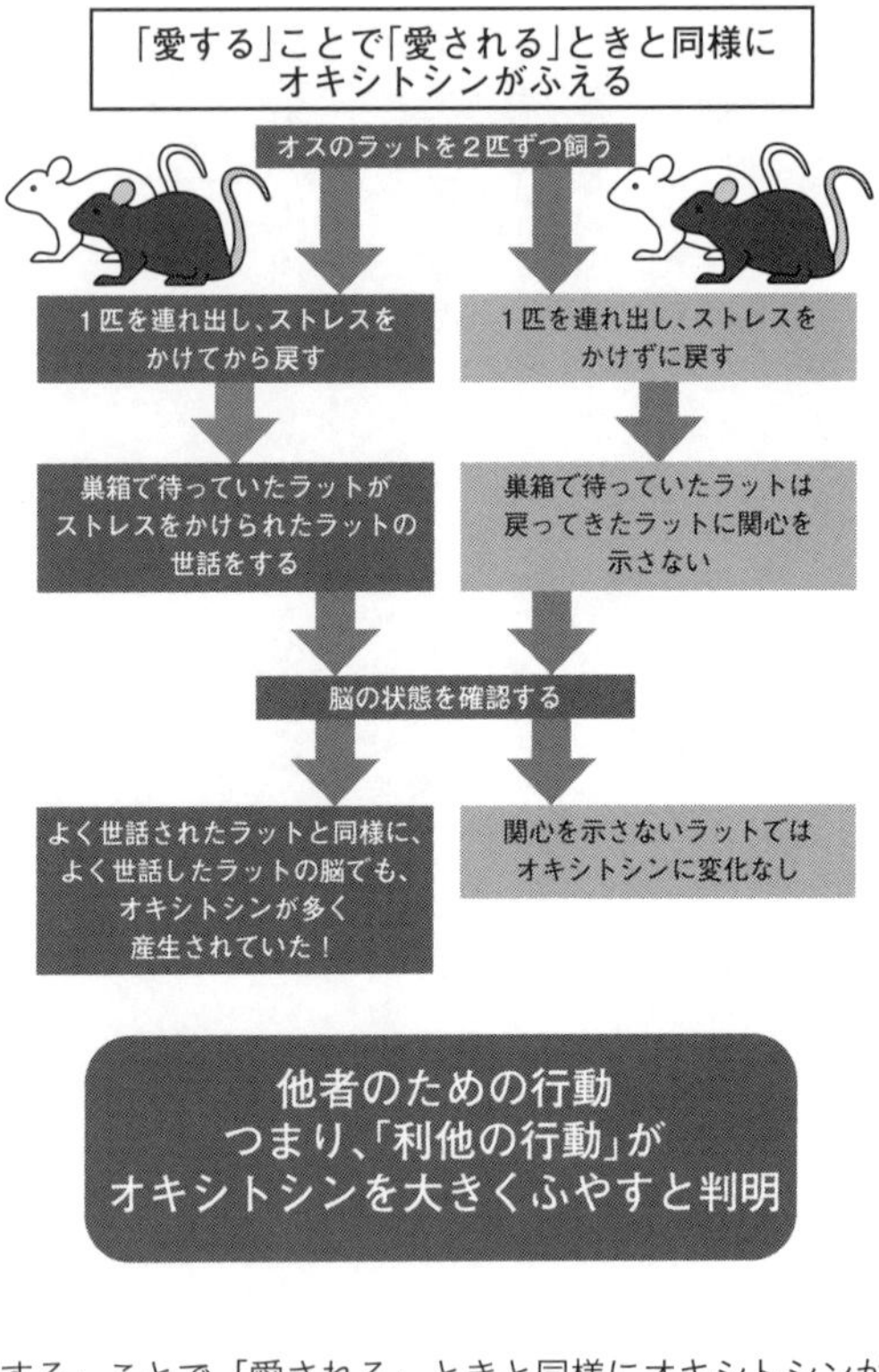

図 5-4 「愛する」ことで「愛される」ときと同様にオキシトシンがふえる
出典：『人のために祈ると超健康になる！』

ラットにも、〝オキシトシン〟効果があるのです」（高橋博士）

それは、動物実験で証明されています。

①二匹のラット、一方にストレスをかけ、他方にはかけない。

②各々、別の群れの巣箱にもどす。

③ストレスをかけられたラットを他のラットが世話をする。

ストレスをかけられなかったラットには、他のラットは関心を示さない。

④世話されたラットと同じように、世話したラットの脳にも〝オキシトシン〟が産生されていた。

他方、別の巣箱で無関心だったラットの〝オキシトシン〟量に変化はなかった。

「……他者のための行動、つまり『利他の行動』が、〝オキシトシン〟を大きく増やすことが証明されたのです」（高橋博士）

●〝オキシトシン〟五つの増加法

イエスや釈迦の教えは、人間だけでなく動物の世界にも通じるのです。

そういえば、動物たちをみていると、互いに愛情深く生きていることがわかります。

お互い毛づくろいしたり、守りあったり。われわれ人間も、見習うことが多そうです。

「……愛されたり、愛したりすることで産生された〝オキシトシン〟は、私たちに幸せな状態をもたらします。しかも、『愛する』という行為においては、直接相手にふれなくてもよいのです。つまり、純粋に、『愛する』（好意を抱く・共感する）だけで、〝オキシトシン〟が増えるのです」（高橋博士）

そのメカニズムは——。

①愛する→②視床下部→③〝オキシトシン〟分泌→④ハッピーな状態→⑤共感・信頼アップ。

つまりは、人や物を「嫌い」になるより「好き」になる。

それだけで、〝オキシトシン〟はわいてくる。カンタン、おトクな生き方ですね。

高橋博士は、〝オキシトシン〟をふやすセルフケアも教えてくれます。

腹式呼吸：心でゆっくり一〇まで数えて吐きます。（長息法）

瞑想：呼吸とともに宇宙と一体感を感じましょう。（悟り境地）

ヨガ：吐く息と調和させてゆっくりポーズします。（心身調和）

断食：病気の原因〝体毒〟がデトックスされます。（万病治癒）

気功：心身の生命エネルギーを強くし整え与える。（気功治療）

——いつでも、どこでも、だれでも、できます。

さあ、今日からやってみましょう！

第６章　あなたを陰から活かす、不死の生命体ソマチッド
――不死の「生命小体」、もう誰にも隠せない

「ソマチッドは〝生命の素〟だ！」安保徹教授は叫んだ

●「邪魔者は消せ！」最後の手段

世界の医療利権を支配する〝やつら〟。最後の手段は暗殺だ。

「邪魔者は消せ！」。その正体は医療マフィアなのだ。

その利権の頂点にいるのがロックフェラー財閥。その悪魔性はすでにのべた。

〝やつら〟は戦争で人殺しと金儲けを謀《はか》ってきた。同様に、医療も〝やつら〟にとって金づるだ。

連中にとっていちばん困るのが、真に病気を治す存在だ。

だから、病気を治す医療を徹底的に敵視し、つぶしてきた。

最悪の悲劇は、「ガン栄養療法の父」と称えられるマックス・ゲルソン博士の暗殺だ。

博士は、栄養を自然なものに変えるだけで、多くの末期ガンの患者を完治させた（『ガン栄養

療法大全』徳間書店、参照)。

世界のあらゆる医療利権を掌握する医療マフィアにとって、博士は邪魔な存在だった。

食事を変えるだけでガンは治る！　それはあたりまえのことだ。

あの医聖ヒポクラテスですら「食事に勝る医療は存在しない」と断言している。

コリン・キャンベル博士(米コーネル大学)ですら「菜食シフトで医療費は八割削減できる」と明言している。しかし、悪魔勢力にとって、人類がこの〝真理〟に気づくことこそ〝悪夢〟だ。

そこで、ロックフェラー財団は、ヒットマンを放ち、ゲルソン博士を〝毒殺〟した。

これは、博士の遺族が、はっきり私の面前で証言している。

ソマチッド医療を発見したガストン・ネサン博士(後述)もまた悪魔的な弾圧にさらされる一生を送ることとなった。

●顕微鏡覗いて「これは何だ？」

医療利権を牛耳る〝闇の勢力〟が隠そうとするソマチッド――。

はじめて、耳にする人も多いはずだ。

まずは、ソマチッドの正体に迫ってみよう。

日本でその存在に注目したのが、若き日の森下敬一博士。

彼は、千島・森下学説の提唱者として有名だ。

彼は熱心な医学生だった。

研究室に寝袋を持ち込み、一週間もぶっ通しで顕微鏡を覗き込んでいたこともあるという。

「……血球を観察していると、何か小さな物が活発に動いている。それは粒状であったり、四角、ヒモ状、さまざま。先輩に『これ何ですか？』と訊くと『プラーク（ゴミ）だよ』。だけど、動いている。今度は、教授に訊く。ついたあだ名が〝ドクター・プラーク〟。わたしも顕微鏡の映像を見せて頂いた。なるほど、大きな赤血球の間を光る点が元気に動いている。ＵＦＯと同じ不規則運動。それはブラウン運動と呼ばれてるらしい。なら、生命体でないのか？」（拙著『新・知ってはいけない!?』徳間書店）

２００８年にこの書籍が刊行される前、わたしは森下博士に安保徹博士（当時、新潟大学教授）を引き合わせた。

■千島・森下学説こそ真の生命科学である

写真 6-1　森下敬一博士

■「ソマチッドは生命の素だ！」

写真 6-2　安保徹博士

●原初的な組織の構造体

いずれも医学界では異端の研究者。両者は会うやいなや意気投合した。

わたしも含め、高尾の森下研究所で徹夜で語り合った。

そのとき話題になったのがソマチッドなのだ。

森下博士は、研修医時代にソマチッドに出会って以来、この不可思議な存在に魅かれていた。

ある時、顕微鏡を覗いていて、血液中に不思議な構造体を発見した。

それは細長い管状をしている。血管かリンパ管が生まれる初期段階の組織のように見える。

まさに、原初的な生命組織の構造体だ。

「……これは、いったい何だ？」

これまでに見たことも聞いたこともない。先生は、克明にスケッチをした。

このスケッチが、安保教授とわたしの目前に広げられた。

●ソマチッドは〝生命の素〟

「……血球など体細胞が離合集散、千変万化するなら、細胞が分解されたあとのカケラ（ソマチッド）も、同様に細胞産生のため合体する〝仲間〟を求めているのではないだろうか。ブラウン運動は、そうとしか思えない」（同書）
わたしは不思議な構造体のスケッチに見いりながら、思わずつぶやいていた。

「……ソマチッドにも、これらの動きを指示するＤＮＡの〝カケラ〟があるはずですよね」

するとと安保教授は、突然「わかった！」と大声をあげて立ち上がった。

「五年間の謎が、今、解けた！」と拳をふるう。安保先生は叫ぶ。

「……ソマチッドは〝生命の素〟なんだ！」

さらに安保教授は、うなずきながら付言した。

「血小板がヒントになるよ。これは、ソマチッドが〝板〟状になったものだと思うね」

それは、こういうことだ。

「……細胞が死んだら、酵素で分解される。あるカケラはゴミとして分解され尿などから体外に排泄される。しかし、飢餓状態などでは、これら〝カケラ〟は、仲間と結集して、新たな細胞や組織を新生するのではないか？」

これが、わたしの当時のひらめきだった。

ノーベル賞受賞の半世紀も前に森下博士が発見

●細胞の「リサイクルシステム」

後でわかったたが、まさにこれぞオートファジージ現象である。

「Auto（自ら）」「Phagy（食べる）」という二つの単語を組み合わせた造語だ。

「……体内では1日におよそ200gのタンパク質が作られる。材料となるアミノ酸は、食べ物から消化・吸収するが、人間が摂取しているタンパク質の量は70gほど。足りない分は、一体どこから調達しているのだろうか」

「その答えを解くカギのひとつが、『オートファジー』である。細胞が自らの細胞質成分（合成したタンパク質など）を食べて分解することでアミノ酸を得る機能で、細胞内の『リサイクルシステム』とも言われている」

「例えば1日絶食すると、肝臓の体積は約7割に縮小するという。絶食時、肝臓では生命を維持するためにオートファジーが活発に行われているのである」（「東工大ニュース」）。

二〇一六年、このオートファジー解明の功績で、大隅良典《おおすみよしのり》・東工大名誉教授がノーベル生理学・医学賞を受賞している。

しかし、森下博士がこのオートファジー現象を確認し、解明したのは六〇年も昔……。

そのメカニズムを千島・森下学説に発表している。

ノーベル賞受賞に値するのは、半世紀以上も昔のパイオニア、森下博士なのだ。

●未完のオートファジー理論

しかし、ノーベル賞を受賞しながら、大隅教授のオートファジー理論は未完成である。

なぜなら、もっとも重要な役割を果たしている〝生命の素〟ソマチッドについて、まったく触れていないのだ。

大隅教授自身も「きちんと解明されるまでには、あと五〇年はかかるかも知れません」と、オートファジーの全容はいまだ解明されていないことを認めている。

不思議なことに、大隅教授らのオートファジー理論にはソマチッドがまったく登場して来ない。

異常であり奇妙である。

「……分解酵素が欠損している酵母を用意し、飢餓状態の液胞を観察していた。すると液胞内で、小さな粒々が激しく動き回っているのを確認。それは細胞質成分が液胞内に次々に取り込まれている様子であった」（「東工大ニュース」）

この〝粒々〟こそ、ソマチッドそのものだ。

しかし、大隅教授らは、その存在を完全無視している。

「激しく動き回っている」のは、各々〝意志〟を持っているからだ。

しかし、既成概念の内にある研究者は「細胞成分（物質）に〝意志〟などあるはずない」と思ってしまう。

そして、かれらが必死に探しているのはオートファジー遺伝子だ。

「……特殊なＤＮＡが存在するはず」と思い込んでいる。

●物質（量子波）は意志を持つ

大半の研究者は――物質が意志を持つ――など有り得ない、と思っている。

しかし、「量子力学の父」マックス・プランクの言葉を思い出してほしい。

「宇宙のあらゆる存在は『波動』であり、いかなる『物質』も存在しない」

なら、オートファジーで出現する〝粒々〟（ソマチッド）も「波動」である。

その細胞小単位は、「量子波」である。言い換えると、それは〝情報〟なのだ。

これら〝情報〟波動は互いに共鳴する。そうして、一つの〝意志〟を形成、共有するのだ。

その〝意志〟が組織を形成し、器官、臓器……そして、人体を形成していく。

これが、オートファジーのメカニズムではないのか？

「葉を見て木を見ず」「木を見て森を見ず」――分析主義の近代科学が陥る隘路《あいろ》だ。

「森より山を見る」「山より山脈を見る」――現代科学に必要なのは、この視点だ。

宇宙的な視野から、俯瞰的に、大局的に全貌を捉《とら》えるのだ。

おそらく既成科学界では、ソマチッドは絶対タブーの存在なのだ。だから、大隅教授たちも、触れることは禁忌だ。ソマチッドに言及していたら、絶対にノーベル賞を獲ることはありえない。

既成研究者に必要な絶対要件とは、「道を踏み外さない」ことなのだ。

発見者ガストン・ネサン、受難と波乱の人生

●研究室は閉鎖、多額の罰金

さて――。

ここで、未知の微小生命体ソマチッドを発見し徹底観察した偉大なパイオニアを紹介しなければならない。

ガストン・ネサン（1924〜2018）。フランス出身の生理学者。リール大学で物理、科学、生物学を修得。

■真理を追求し、愛と癒しに人生を捧げた

写真 6-3　ガストン・ネサン氏

「21歳の時から、新しい顕微鏡の作成に着手した。レンズはライカ社の熟練工が配列をチェックし、光学はネサンが一人で編み出したものである。その〈二十一世紀の顕微鏡〉は、ソマチッドがはっきり見えることからソマトスコープと命名された。だが、特許が与えられず、一般向けには製造されていない」（イーハトーヴクリニックHP）

この若さで、既成の学界に背を向け、独立独歩

の生き方を歩み始めている。

「……ネサン氏は血清に目を向け、培養したガン細胞を馬に注射して、抗体を多量に産生させることに成功した。この新しい血清はアナブラスト（アナ：ない、ブラスト：ガン細胞）と名付けられた。それによる治療を医師に内々に頼んで健康を取り戻した患者は数多い」

「こうした治療の成功や他の諸般の事情が、フランス医師会当局の注目するところとなり、ネサン氏は法廷に二度召喚されることになった。二回とも多額の罰金を課せられ、研究室は閉鎖されたが、大切な顕微鏡だけは手放さずにすんだのである」（同）

またもや……である。病気を治す者は、悪魔勢力から無慈悲な仕打ちを受ける。かのレイモンド・ライフ博士と同じ運命を、ネサン氏もたどることになるのだ。

●「ネサンは無実！」患者の叫び

彼は祖国フランスを追われるように、地中海のコルシカ島に旅立つ。

そこで、支援者の助けを借りて小さな研究所を設立。そこでも、さまざまな変性疾患の治療法を開発した。その評判を聞いた多くの患者たちが、コルシカ島に殺到してきた。

「……患者の殺到はフランス医師会当局の怒りを一挙に爆発させた。当局は予審という形で、長い調査を開始した」（同）

こうして、コルシカ島も安住の地ではなくなった。

ネサン氏は一九六四年、愛用の顕微鏡とともにカナダに向かって旅立つ。

一種の亡命行であった。一九七一年、モントリオールのM・スチュアート財団と出会い、手厚い援助を受ける。この地でも、数多くの患者たちを難病から救い続けた。手掛けた約一〇〇〇名のガン患者のうち、なんと七五〇名が全快という驚異的な成果を上げたのだ。

しかし、カナダ当局はそれを見過ごさなかった。

ネサン氏は医師免許を保有していなかった。そのため、医師法違反の重罪に問われたのだ。

「……1985年、ネサン氏はいくつかの訴因で起訴された。最も重い罪状は終身刑の可能性があった」（同）

判決は……無罪だった。裁判所の周りには、彼が治した大勢の元患者たちがプラカードを掲げて、連日押し寄せた。かれらは、口々に叫んだ。

「ありがとう！　ネサン」「ネサンは無実だ！」

その熱い感謝の思いは、裁判所をも動かしたのだ。

千島・森下学説を証明したソマチッド理論

●正体は地球外生命小体？

科学への情熱と、患者への愛情に生きた波乱万丈の人生……。

ネサンはこの研究人生の過程で、ソマチッド発見という重大業績を成し遂げたのだ。

彼は、この奇妙な微小生命体を、自ら発明した超高性能顕微鏡で観察し続けた。

「……植物の樹液や動物・人間の血液中に、これまで知られていなかったナノサイズの有機体を発見し、それを〝ソマチッド〟と名付けた」（福村一郎著『ソマチット　地球を再生する不死の生命体』ビオマガジン社）

なぜ〝不死〟か……？　ネサンは、この不可思議な〝生き物〟に過酷な条件を与えてみた。

この〝生命体〟は、ありとあらゆる〝攻撃〟も、ものともしなかったのだ。

「……血液中を動き回る、その謎の生命体は、炭化処理温度にも、強い放射線にも耐え、遠心分離器の残留物から取り出しても無事であり、その殻はダイヤモンドのナイフでも切ることのできない硬度を持つ〝不滅〟の存在だった。そして、それは植物、動物だけでなく、鉱物の中にも存在する」（同）

――鉱物の中で眠り、植物の中で目覚め、動物の中で活動する――

まさに、人智を超越した存在……。

ソマチッドは地球外から飛来した？　本気でそう考える研究者もいる。

すると、正体は地球外生命小体となる。

●意志を持ち一六種に変態

そして――。ガストン・ネサンは以下の発見をした。

①少なくとも、一六もの異なる形態に変化する。（図6−4）

②環境が変わると、対応して急に形態変化する。

③形態は連携しており、各段階を経て変化する。

④環境が、過酷に変化すると、堅牢な殻に籠《こも》る。（写真6−5）

人体の血液中に存在するソマチッドの〝変態〟を、ガストン・ネサンは克明に観察記録している。一六種形態は連環して変化する。それは、環境劣化に対応していた。

顕微鏡の視野で活発に動き回っていたのは、〝ゴミ〟でもなんでもなかった。

それは、まさに〝生きていた〟。それは、生命小体だった。

●同化作用と異化作用

「……それが、人体の寄生原始生物ではなく、細胞分解で発生した〝カケラ〟とすれば、〝無〟からの『細胞新生説』も説明がつく」（『新・知ってはいけない⁉』前出）

千島・森下学説では、細胞は細胞からだけでなく、細胞以外からも生まれる――という事実を発見している。これを〈細胞新生説〉と呼ぶ。

つまり……

■微小生命体ソマチッドは「意識」「環境」で多彩に変化

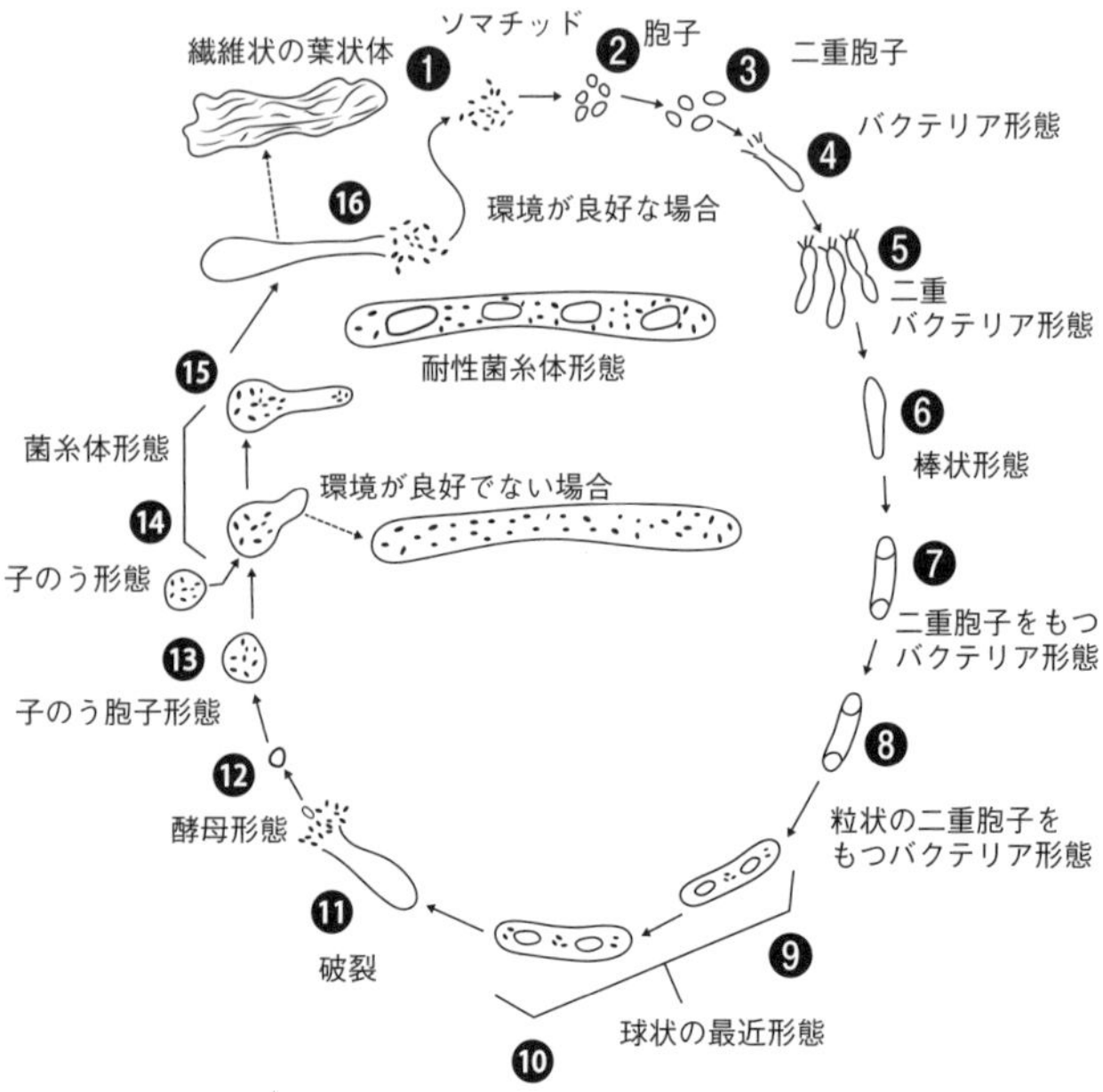

図 6-4　ソマチッド・サイクル

■過酷な環境下でも生き延びる“不死の生命体”

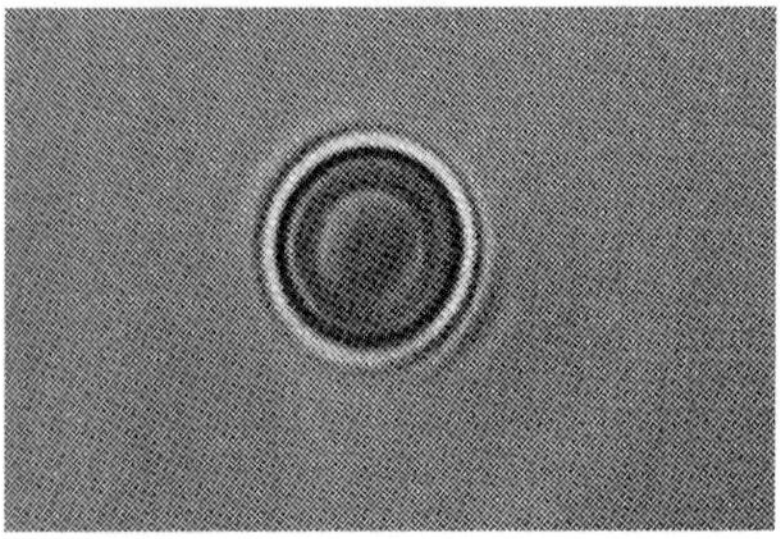

写真 6-5　「メデューサの頭」と呼ばれる堅牢型のソマチッド

■ソマチッド↓合成↓細胞↓組織↓器官――同化作用
■器官↓組織↓細胞↓分解↓ソマチッド――異化作用

これこそ、千島・森下学説が唱える生命体の二重作用システムだ。

■「食」（栄養分）は「血」（万能細胞）となり「肉」（体細胞）となる――同化作用
■「肉」（体細胞）は「血」（万能細胞）となり「食」（栄養分）となる――異化作用

大隅教授がノーベル賞を受賞したオートファジーも、千島・森下学説の一端である異化作用を〝発見〟したにすぎない。

〝受信〟〝予知〟し〝決定〟〝行動〟する

●ソマチッド診断で未来予知

ソマチッドは〝意志〟を持つ――だけではない。
かれらは、外部情報を〝受信〟する。

ソマチッドの一六段階の変態は、「宿主」人間の体内の健康状態に応じていることをネサンは発見した。

つまり、ソマチッドは人間の体内健康センサーの役割を果たしている。

それも、将来の健康や病状を先取りして変化しているのだ。

じっさい、病状悪化の具体的兆候が現れる一八か月も前に、発病を予測して変化していた。

「……驚異の予知能力だ！」

ネサンは興奮した。「これで、患者の未来診断ができる」

このソマチッド診断で、あらかじめ未来の病気を知ることができれば、患者の食生活や生活習慣を正すことで、発病回避できる。

こうして、とくに難病やガンなどの予防診断に、ソマチッド診断はおおいに役立ってくれた。

「……ソマチッドの形態変化によるガンなど変性疾患の一八か月前の発症予測や独自の『免疫賦活製剤』による画期的な治療条件が話題になり始めたとき、博士は医師会に告発された……」

（福村一郎氏）

一難去ってまた一難である。世界の医療利権を独占する医療マフィアにとって、ソマチッドの情報は、徹底隠蔽するしかなかったのだ。

●周波数とソマチッド療法

ネサンの孤独な戦いは、生涯にわたって続けられた。

不可思議な生命小体は、さらなる奇跡を示して、ネサンを魅きつけた。

驚いたことに、ソマチッドは「宿主」の〝病気〟だけでなく、〝感情〟にも反応するのだ。

「波動療法」の権威、増川いづみ博士は、笑いながら言う。

「……ソマチッドは、怒っている人とか、いつもカッカしている人、いつも悲しみにくれている人の体は『嫌い』で逃げるんです。その人の出す『感情』も周波数です。楽しい気持ちでいると、その人の血液中のソマチッドは輝いている。ソマチッドも元気なときは、白く光っています。元気じゃない人のソマチッドは光ってない」

つまり、ソマチッドは「宿主」の生命周波数に反応するのだ。

●ソマチッドは周波数を増幅

第一人者・福村一郎氏も断言する。

「……肝臓が正常に働くなど、身体の各器官に、それぞれタイプ、能力の異なるソマチッドが存在するのなら、それを活性化させるうまい方法はないか、考えました。そこから始まってソマチッドは、一定の周波数に反応することがわかってきたのです」

つまり、健康になるために体内のソマチッドを元気にする。これが、ソマチッド療法だ。

「……音でソマチッドは元気になることを、アメリカの研究家が証明しています」（増川博士）

「……臓器周波数を、心臓なら心臓、肝臓なら肝臓……と、各臓器に当てる。すると、そこのソマチッドが活性化する。この事実は、じっさいにアメリカで実験して、はっきりわかっています。特定の周波数で、臓器の中にいるソマチッドが元気になる。修復能力が高まる」（福村氏）

「波動医学」の根本原理は、おのおの臓器固有のソルフィジオ周波数で臓器を活性化することである。ソマチッドは、その周波数を受け取り、自らも活性化し、増幅してくれている。

はやくいえば、「波動医学」における周波数「増幅機能」を果たしてくれているのだ。

ソマチッドと〝AWG〟のハイブリッド療法

●血中の大切な共生微生物

ガストン・ネサンの志を継ぐ――。そんな研究者が、世界中に輩出している。

宇治橋泰二氏も、そんな一人だ。著書『ソマチッドがよろこびはじける秘密の周波数』（ヒカルランド）は、その一五年来の研究の集大成だ。

彼はソマチッドと〝AWG〟のハイブリッド療法を実践している。

「……本書では、私が暗視野顕微鏡で撮影した動画を掲載しました。『血液の中で、こんなことが起きているとは信じがたい』と思われるであろう画像が多数あります。細胞の中にミトコンドリアという共生微生物が存在するように、私たちの血液の中にもソマチッドという共生微生物が存在しているのです」（「まえがき」）

観察によれば、ネサン博士が発見した一六段階のソマチッド・サイクル以外にも変化している、という。

「……ソマチッドは一種類だけではなく、変化のパターンがいくつかあり、さらに〝交配〟によって発達した形態から未発達な形態に戻る、逆方向のものもあるのです」（同）

増川博士は、「怒っている人」「暗い人」などからソマチッドは逃げ出す、という。

わたしは、あの人気アニメ「となりのトトロ」に出てくる〝まっくろくろすけ〟を思い出した。家の中から電線などを伝って逃げ出す姿がユーモラスだ。

血液中の共生微生物ソマチッドが逃げ出していなくなったら、とうぜん不健康で病気になってしまう。

●ソマチッド点滴は効果あり

血液中にソマチッドがいない。それは、不健康の証拠なのだ。

宇治橋氏は、それを、じっさいに証明している。

写真6-6左は、健康な人の血液。ソマチッドが小さな光る粒子で適量存在している。

赤血球はまん丸で張りがある。右下の白いものは白血球。これに対して写真6-6右は、不健

■健康血液（小さく光るソマチッド）

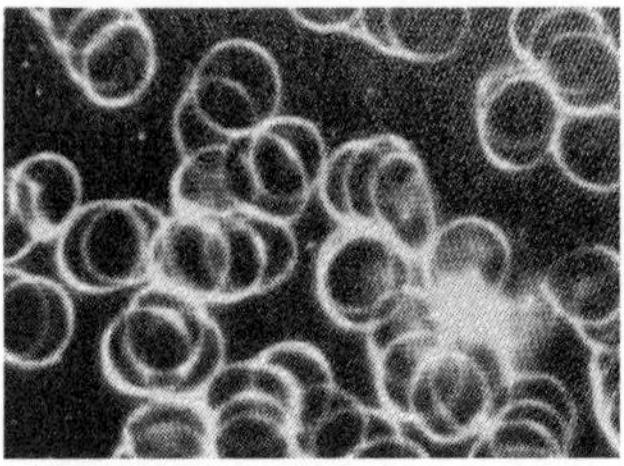

■高血圧患者（ソマチッド無し）

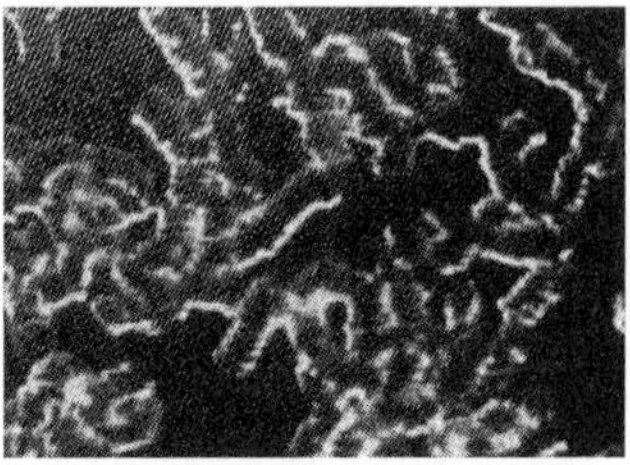

写真6-6

康な人の血液。高血圧の患者で、ソマチッドは視野にまったく見えない。

さらに、赤血球は凝縮して連なっている。

写真右ではドロドロの血液が末梢血管を詰まらせ、多臓器不全など深刻な病気を引き起こす。

〝まっくろくろすけ〟ならぬソマチッドには、体内にとどまってもらわないと困る。

その意味で、いつも怒っている人や根暗な人などは反省が必要だ。

笑う門には福来る、という。そんな人はソマチッドから愛される。

血液はキラキラ光るソマチッドで満たされる。

怒る門からは福の神も逃げ出す。

同様にソマチッドも逃げ出すのだ。

だから、健康になる。病気を治す。そのためには、血液中にたっぷりソマチッドがいることが大切だ。

ソマチッド点滴という治療法を採用しただけで、ピストルで撃たれた教授もいた、という。ソマチッド点滴は、卓効のある治療法だったのだ。だから医療マフィアのヒットマンに狙われた。

宇宙エネルギーでソマチッドは増殖し体細胞に

●不食者の証明「経絡増血」説

宇治橋氏は「ソマチッドが核のある細胞に育っていく」という。これは、重大な指摘である。

森下敬一博士（前出）は、第四の学説として「経絡増血」説を唱えている。これは、地球上に約二〇万人は存在する、といわれる不食の人たちが生命維持している原理を解説するものだ。

それは、生命体を活かす〝第四のエネルギー〟の発見でもある。

そのエネルギー源とは、宇宙エネルギー（プラナ）である。

それがまず経絡に吸収される。すると、その場所のソマチッドが大増殖する。

そして、群生はリンパ球（白血球）に変化する。

続いて、核を得て赤血球に変わり、それが体細胞に変化していく。

つまり、目に見えない宇宙エネルギーが、目に見える人体に変化するのだ。

●細胞は「無」から生じる

宇治橋氏は、ソマチッドはその他の細胞や微生物にも変身する、という。

ソマチッドは群生化して球形細胞を形成し、一次核が分裂して、細菌性桿菌に変化していく。

■想像を超えてソマチッドは多様多彩に変態する

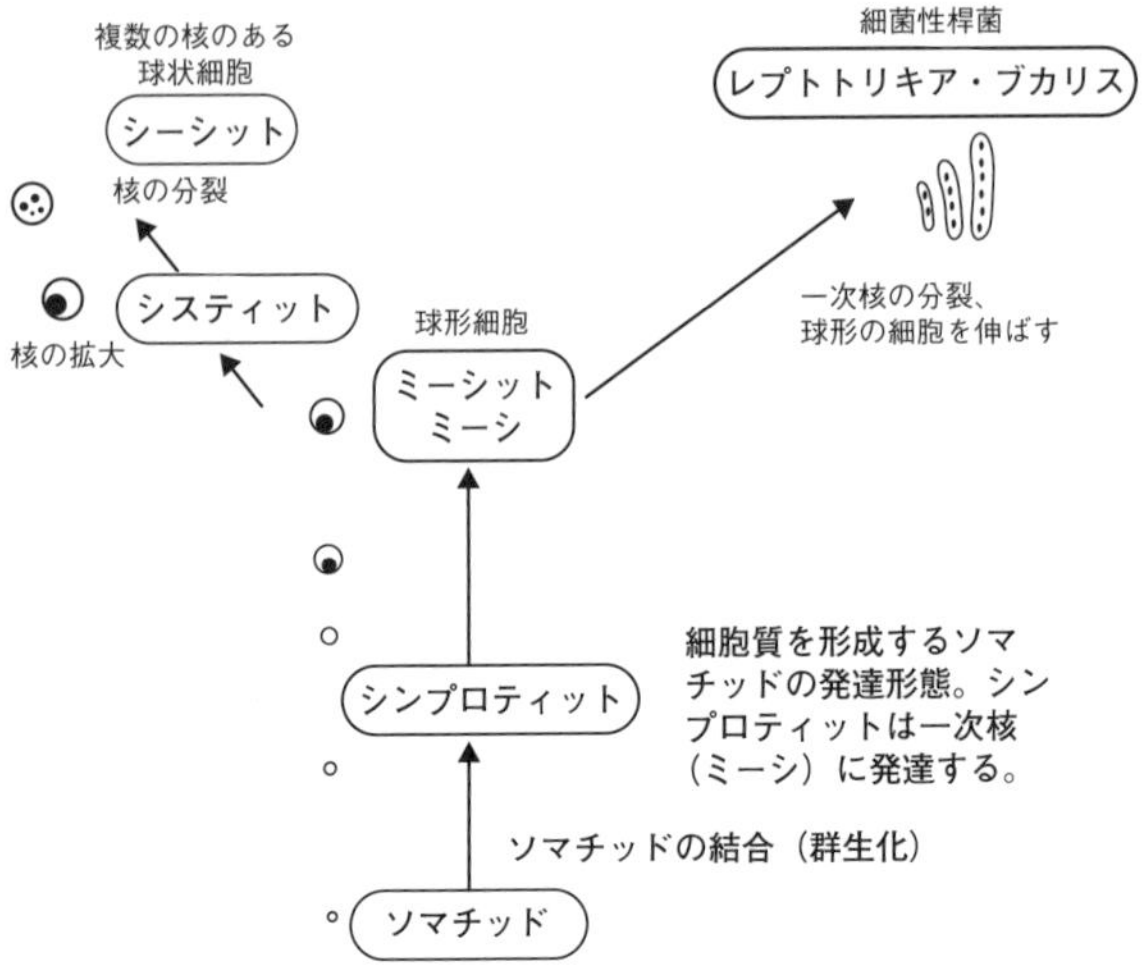

複数の核のある
球状細胞
シーシット
核の分裂
システィット
核の拡大
細菌性桿菌
レプトトリキア・ブカリス
一次核の分裂、
球形の細胞を伸ばす
球形細胞
ミーシット
ミーシ
細胞質を形成するソマチッドの発達形態。シンプロティットは一次核（ミーシ）に発達する。
シンプロティット
ソマチッドの結合（群生化）
ソマチッド

図6-7

あるいは複数核のある球形細胞に変化したりする。

千島・森下学説では、第三の原理として「細胞新生」説を掲げている（図6-7）。すなわち、何もないところから〝細胞が出現する〟。

これを当時の学界はあざ笑った。

なぜなら近代医学は、あの死神ドクター、ウイルヒョウ理論に毒されていたからだ。

ウイルヒョウは「細胞は細胞のみから生じる」という「細胞起源説」を唱えていた。

それは、近代医学の神サマの御託宣として、金科玉条の不文律とされていたのだ。

だから、千島教授が「細胞は無から生じる」と実際の観察結果を踏まえて論文発表したところ、「精神鑑定を要する」と嘲笑、冷笑の嵐にさらされたのだ。

しかし、ソマチッドのふるまいの克明観察によって、実は千島博士が正しかったことが証明された。細胞は「無」から生じるのだ。

万病の大本は血液酸性化と赤血球ドロドロ

〝良いこと〟も〝悪いこと〟もする

ソマチッドは〝細菌〟にも成長変化する！

すると、中には病原性のある〝細菌〟に変化することも考えられる。

「……ソマチッドが結合して（群生が）大きくなっていくのは、電子が不足し、環境がプラスの電化に傾いているからです（酸性化）。そこに〝AWG〟で電流を流すと、電子はマイナスなので（ソマチッド同士の）結合が解けて、〝病原性〟の強い形態から〝両方向性〟の形態を経て、（安全な）〝非病原性〟の形態に戻っていきます。だからこそ、もっとも〝病原性〟の低いソマチッドの状態を維持することが必要なのです。このように、ソマチッドは血液環境の乱れによって、〝病原性〟の強い形態に変化していく。だから、（血液）環境が変らないことには、根本的には疾患や病状は改善しない」（宇治橋氏）

つまり、ソマチッドは血液環境しだいで〝良いこと〟もすれば〝悪いこと〟もする。

「……血液の環境を改善するためには、電子を供給して『酸性』に傾いた血液を（『アルカリ性』方向に）中和してやることが意味をもってきます。それによって体内共生微生物は、〝非病原性〟の形態にもどっていくのです。まさに〝ＡＷＧ〟の出番なのです」（同）

●赤血球がくっつく連銭結合

健康と不健康を分けるのはカンタンだ。血液がアルカリ性に傾いているか、酸性かで判る。

健康な人の血液は弱アルカリ性だ。このとき、赤血球はバラバラで丸々としている。

不健康な人は、酸性に傾いている。

すると、赤血球は糊のようにくっつき合う（連銭結合：ルロー、32ページ写真1―3参照）。

人間の血管の約九五％は毛細血管だ。

直径は約五〜二〇ミクロン。地球を二回半回るほどの長さがある、という。

赤血球は約一〇ミクロン。それがどうして五ミクロンの毛細血管を通り抜けるのか？

赤血球は平たいモチ状の形態をしている。

そこで、みずからの体を二つ折りにして、狭い毛細血管をすり抜けているのだ。

しかし、血液が酸性化して赤血球同士がくっついたら、もはや狭い毛細血管を通り抜けることは不可能だ。すると、それから先の体細胞には酸素も栄養も届かない。

それどころか、体細胞で発生した老廃物などの排出も不可能となる。

病気の原因は〝体毒〟である。細胞内の代謝できない老廃物は、〝体毒〟として悪さをする。

じっさい、ドイツのオットー・ワールブルグ博士は、細胞に供給する酸素を減らして酸欠にすると、一〇〇%ガン化することを証明している。

●ガン化、多臓器不全、壊死

つまり、**血液酸性化↓連銭結合（ルロー）↓毛細血管詰まり↓体細胞の酸欠↓ガン化**――。

酸欠でガン化しない場合は壊死する。それは多臓器不全を引き起こす。いずれも死に直結する。

血液酸性化の原因は、食生活、ストレス、過労……などさまざまだ。

「……たんぱく質の多い食事、不健康な生活習慣、肉体的なストレス、心理的なストレスによって悪化した体内環境が赤血球を凝集させますが、これは同時に、体内環境を酸性、すなわちプラスに荷電して、ソマチッドを〝病原性〟の強い状態にしてしまう要因なのです。こういう状態のとき、〝AWG〟の施術を行うと、マイナスの電子が供給されて、赤血球の凝集が解けるとともに、酸性の環境でソマチッドが結合して、〝病原性〟の強い状態になっていたものの結合が解けたり、毒性のあるものなどが、シンプロティット（図6-7）として現れたりします。〝AWG〟の電子供給で酸性に傾いた環境が中和されると、血液中の細胞の内部がリフレッシュされるのです」（宇治橋氏）

つまりは、酸性からアルカリ性へ――。

すると、連銭結合ドロドロがばらけ、赤血球はサラサラに！

血流は劇的に改善し、みるみる生命力は高まっていく。

それは宇宙から飛来し生命体を創造したのか？

「……ソマチッドは、条件が揃えばいつでも生物を創造することを行い、その後、共生して、その生命の存続を行う超微小生命体である」（福村一郎氏）

日本でのソマチッド研究第一人者は、宇宙の果てに思いを馳せる。

「……ソマチッドは、あてどもなく宇宙をさまよい続けたあと、他の星の引力圏に突入したときには、その星に着陸するということを、くりかえしてきたと思われる」（同）

この宇宙飛来説は、じつに説得力がある。なぜならソマチッドは鉱物の中にも存在するからだ。

●鉱物で眠り……動物で生きる

「鉱物で眠り、植物で目覚め、動物で生きる」

その三態こそ〝不死の生命体〟の名にふさわしい。

生命体は地球上で発生した……という旧来の説は、極めて非現実的だ。

なぜなら、地球には数多くの隕石がひっきりなしに飛来している。

そこに、地球外生命体の一種、超微小生命体（ソマチッド）が眠っている。

そして、ソマチッドは超高温でも超低温でも超多量の放射線下でも生き延びる。まさに不死の生命体なのだ。

ならば、それは地球外で発生し、宇宙から飛来した。こう考えるのが、きわめて妥当だ。

微小生命体ソマチッドどころではない。今や、エイリアンの飛来すら常識だ。

かれら地球外生命体が人類を創造し、文明創造を支えたのだ。

●真理はいつか世に現れる

不死の微小生命体ソマチッドの宇宙飛来説は、決定的だろう。

福村一郎氏は、ソマチッドの能力を六点にまとめている。

①条件が整えば、常に生命体を作り出す。
②生体内では、次の生物発生は行わない。
③生命体を作ると一部は新生命体に移住。
④移住先で新生命体の維持に全力を尽くす。
⑤生命体が死ぬと分解のため細菌を作る。
⑥生命体の一部も壊死すると細菌が発生。

さらに――。

福村理論は、ソマチッドの「二大能力」を定義している。

(1)生命体を創造する。

(2)生命活性を与える。

生命の神秘が、じつに鮮やかにソマチッド理論で解明されているではないか！

まさにソマチッドは、〝生命の素〟なのだ。

近代から現代の生物学は、ウイルヒョウ「細胞起源説」に基づいている。

それは「細胞は、細胞のみから生じる」という近視眼的な見方だ。

しかし、千島・森下学説やガストン・ネサン博士らは、「細胞は細胞以外からも生じる」という真理を観察し、提唱してきた。ソマチッドは、その神秘を鮮やかに解明している。

だからこそ、既成の生物学界・医学界は、ソマチッドの存在を頑《かたく》なに、徹底的に否定し、攻撃し続けているのだ。ガストン・ネサン博士が裁判の被告席に引きずりだされたのも同じ理由だ。世界を闇から支配するイルミナティにとって、このような明解な生物理論は、抹殺する以外になかったのだ。しかし……。

――隠された真理も、いつか世に現れる――。

●細菌の最初の一匹は？

ソマチッドが〝生命の素〟であることを証明する実験がある。

「……蒸留水の中に植物の種を入れておく。すると、それだけで種の中の、わずかな原子量が何千倍、何万倍にもなっていくことを証明したヘルツェールの発芽実験がある」（『ソマチット　地球を再生する不死の生命体』）

何万倍にも〝増えた〟原子は、いったいどこから出現したのだろうか？

「……これは、原子転換を説明すると同時に、生命体の化学反応はすべて〝水の中〟で起こる、ということの証しでもある」「生命誕生の現場には、必ず〝水〟と〝ソマチッド〟がある。ほかにも、複雑な条件はもちろんあるにしても、水とソマチッドは、存在しなければ始まらない」（同）

生物学はつねに、次の疑問にぶつかる。

「最初の生命は、どうやって生まれたのか？」

その答えは、物質と生命の中間体であるソマチッドが解を与える。

「……細菌学においても、バクテリアの働きや増え方の研究はなされていても、『最初の一匹』の生まれ方はわかっていない。近代細菌学の開祖パスツールと張り合ったベンシャンは、『細菌は病気を起こす原因ではなく、病気になった結果、体内に生じるものである』とした。これは、ソマチッドの働き、そして、生命誕生のメカニズムの基本的な考え方である。さまざまな働きをする謎の古代生命体ソマチッド。その働きはまだまだ未知数だが、『最初の一匹』は、実はこのソマチッドの仕業である、と考えている」（福村一郎氏）

●ソマチッドはDNA先駆体？

「……ガストン・ネサン博士は、『ソマチッドは、純粋な光エネルギーの固体化したものである』とし『DNAの先駆体である』ということが理論的に裏付けられています。生命の誕生と共にある水とソマチッド。そして、過去数十億年の生物の歴史が刻み込まれたDNA。これらの関係は大いなる神秘であり、水とソマチッドの共同作業が、DNAを含めあらゆる生命の要素や構成に関わっているような気がしてなりません。DNAの二重らせんの分子を繋《つな》ぐのは、水素結合により形成されているリキッド・クリスタル（液晶体）であり、それらが共鳴体となって瞬間ごとに起こる電気的反応を、体の隅々にまで届けているのです」（増川いづみ博士）

量子力学では、「宇宙すべての存在は『波動』であり、いかなる『物質』も存在しない」としている。

だから、ソマチッドも「波動」（量子波）である。そして、〝意識〟も「量子波」である。

だから、ソマチッドが宿主（人間）の意識や感情に影響されるのも当然といえる。

それらは、共鳴したり反発したりしているのだ。

そして、DNAも同様に、意識、感情に影響され、変化する。

このように、量子論により、生命論もまた新たなステージに立っていることは、まちがいない。

「症状」改善が劇的に判るソマチッド診断法

●画像が全てを物語る

ソマチッドは血液中で、「宿主」の健康状態に応じて、じつに多彩な形状に変化する。

だから、ソマチッドの形状を観察すれば、患者の回復状態が手にとるように判る。

宇治橋氏の開発した顕微鏡による動画観察は、みごとに患者の改善状態を証明している。

症例A：パニック症候群（五〇代男性）

南米に行ったとき、シャーマンの儀式に参加して何か飲まされた。以来、パニックに襲われ、興奮状態が続いて夜も眠れない。帰国してさまざまな病院を訪ねたが改善しない、と来院。

▼第一回施術前（写真6－8）：「血漿《けっしょう》部分が白く見えるほどソマチッドだらけ。異常なので一生懸命、改善しようとしているのでしょう。しかし、このままでは根本的に治すことはむつかしいでしょう。発達障害や多動障害などの方の血液でも、ソマチッドがかなり多くなっていますが、こんなに過剰に増えることはありません。おそらく電子が飛び過ぎて神経過敏になっているのだろうと思われます。本来だったら、働き終わったものは代謝して体外に排出されるはずなの

に、何かしらの要因で、その機構がロックされて排出できなくなっているのか、どちらかでしょう。いずれにしてもソマチッドが異常に過剰です」（宇治橋氏）

▼第一回施術後（写真6−9）：「明らかに大きな変化が認められる。白く見えるのは、〝AWG〟の施術によって出てきたムコール・ラセモサス系のスポロイド・シンプロティットの塊です。これもシンプラストの一種です」

▼第四回施術後（写真6−10）：「おかしな形態のシンプラストがすべて排出されて、赤血球とソマチッドのバランスもよくなり、きれいな血液といっていい状態になりました。ここまで血液環境が整ってくれれば、症状はいずれ落ち着いてくるものと思われます」（同）

■隙間がソマチッドで埋め尽くされている

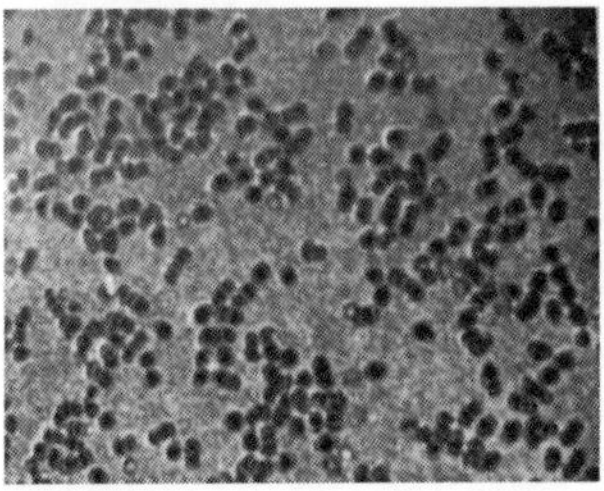

写真 6-8

■白く見えるのはソマチッドが変形した塊

写真 6-9

■赤血球とソマチッドがバランスよく回復した

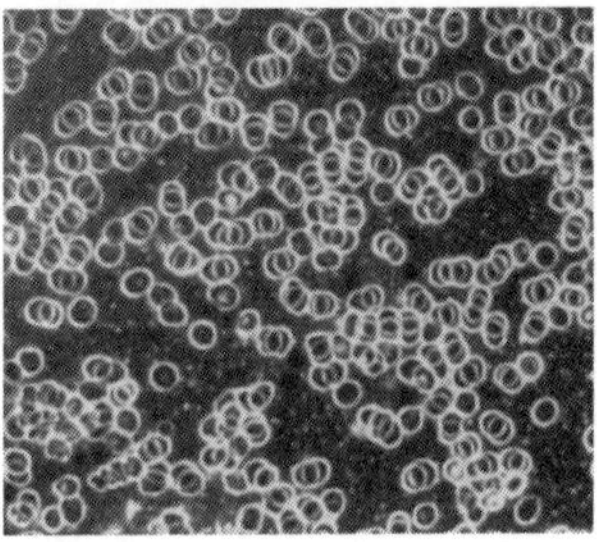

写真 6-10

症例B：ライム病（五〇代女性）

二〇〇八年、ライム病になり、二〇一一年、関節リウマチで膝にセラミックを入れ、膠原病とも診断されている。アメリカ滞在時にダニに刺されライム病を発症。この病気の患者は三分の一は亡くなり、三分の一は骨などに障害が残るという。アメリカや日本の病院では抗菌剤や抗ウイルス剤などを処方されたが、改善せず来院。

▼第一回施術前（写真6－11）：「ヒモ状のシンプラストの中に、いろいろなものが入っている。あまり見ることのない悪質な形状で、たぶんライム病独特のウイルスのようなものが入っていると思われます」（宇治橋氏）

▼第一回施術後（写真6－12）：「たった一回の〝AWG〟施術が非常に効果があったようで、健康な血液に近い状態になりました。白血球が見えますが、穴が一つか二つなので、これは好酸球です。酸性のものがたくさん出たことを示しています。また、ここではリンパ球も出ているので、ウイルスの存在も考えられます」

「血液がかなり酸性に傾いていたのが、〝AWG〟の施術で好酸球が出てきて

■異常な紐状ソマチッド

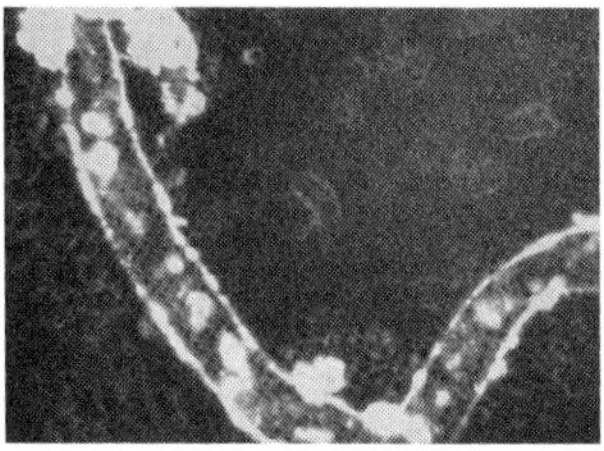

写真6-11　ライム病・第１回施術前

■一部の“AWG”で改善

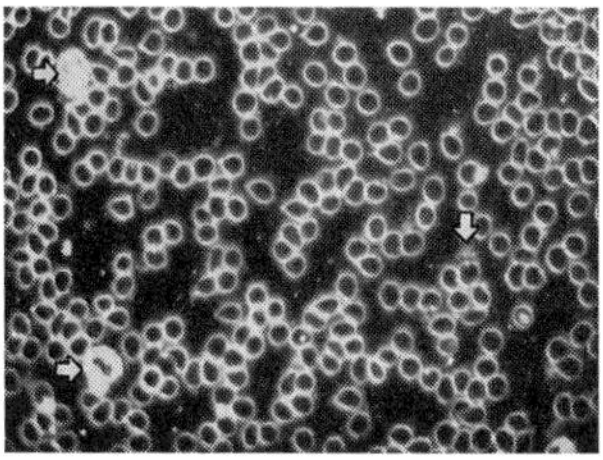

写真6-12　ライム病・第１回施術後

処理してくれたことにより、かなり中和されたのでしょう。ソマチッドも出てきています」（同）

症例C：重症筋無力証（四歳男児）

「眼瞼下垂で両まぶたがふさがっていて目が開けられない状態でしたが、呼吸器や運動面での大きな障害はありませんでした。大変な難産で、出生時の体重は二三〇〇グラムと小さく母乳も出なかった、とのことです」（宇治橋氏）

▼第一回施術前（写真6−13）：「画面一杯に大きなシンプラストが見えます。これはムコール・ラセモサス系とアスペルギルス・ニガー系の両方が入ったシンプラストです。何かの細菌や、これまで飲んだクスリの毒素も入っていると思われます」（同）

■ソマチッドが巨大構造体に

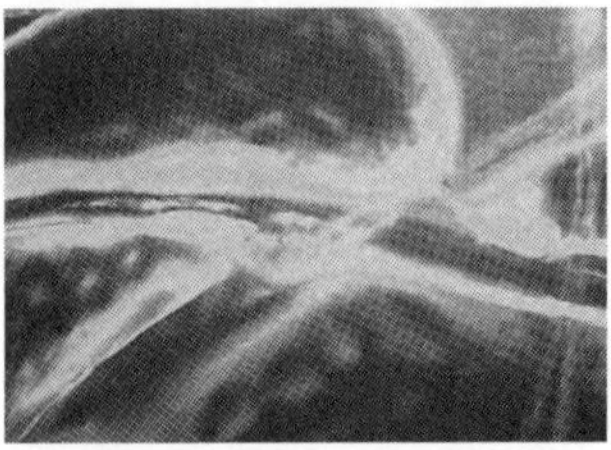

写真6-13　重症筋無力症・第1回施術前

■"AWG" 1回で劇的回復

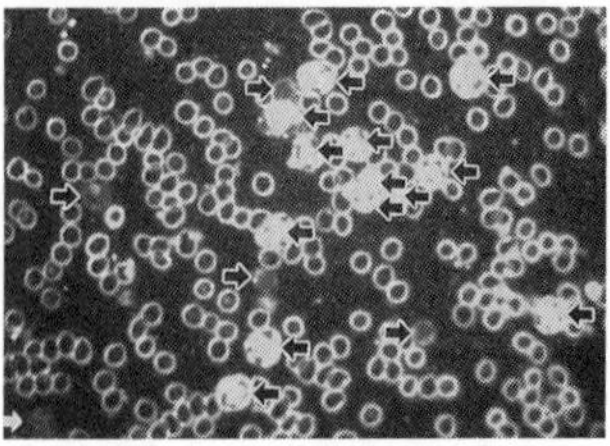

写真6-14　重症筋無力症・第1回施術後

▼第一回施術後（写真6−14）：「これが若さです。〝ＡＷＧ〟の施術を一回しただけで、一気にロックが解けて赤血球がバラバラになりました。同時に白血球が一三個、リンパ球が五個出てきました」（同）

症例D：断食（二八歳女性）

「健康のため断食をするのが静かなブームになっています。『三日間断食をするので、その効果を証明してほしい』というお話がありました」（宇治橋氏）

▼第一回施術前（写真6–15）：「断食前の血液はまさにドロドロの状態で、体内共生微生物が、ほとんど糸状のフィラやフィリットになっています。これは栄養過多で、体内共生微生物が異常に繁殖している状態です。若い女性は、おいしいものを食べるのが好きですから、こういう傾向が強く出ます。適正な状態ではありませんが、若いのでなんとか代謝できているのでしょう。赤血球は凝集していますが、粒子はけっこうしっかりしています。本当に悪かったら、赤血球はギザギザになっています。ソマチッドはまったく見えません」（同）

■ドロトロ血液、ソマチッド無し

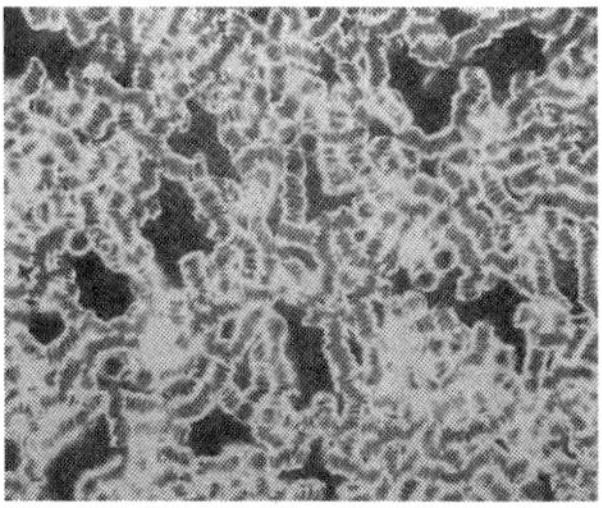

写真 6-15　断食前・7月30日

■赤血球がばらけソマチッド出現

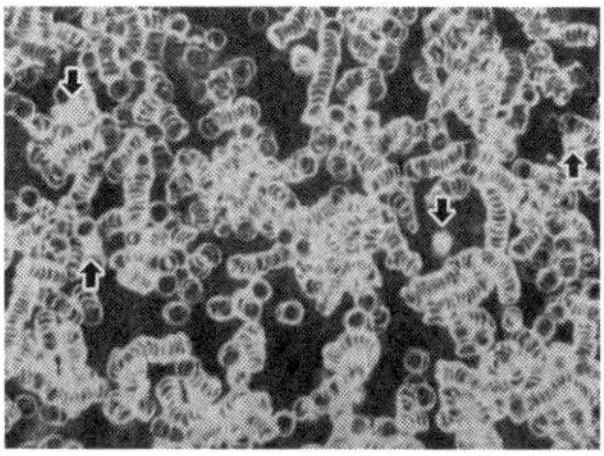

写真 6-16　断食後・8月5日

▼第一回施術後（写真6–16）：「断食前と比べて、かなり赤血球がバラけてきています。特記すべきは、ソマチッドが見え出したことです。また、白血球が二つ、リンパ球も見えます。免疫がしっかりしてきた、と思われます」（同）

ソマチッドは〝意志〟を持つ量子波の総体か？

●異端から正統へ、立場は逆転

ソマチッド理論は、これまで異端であった。

しかし、本書をここまで読めば、もはや異端の頸城《くびき》は打ち壊されたも同然だ。

異端から正統へ――。天地の回天が、ここでも起こっている。

もはや、冷笑・嘲笑してきた〝専門家〟と称する人々の頬は、ひきつるのみだろう。

学者、研究者に必要なものは謙虚さだ。

そして、真摯に現実に向き合う姿勢が、誰もなしえなかった発見をもたらすのだ。

宇治橋氏が一五年間実践して来られた研究が、まさにそれだ。

彼はガストン・ネサンが成し遂げたソマチッド研究に加えて、もう一人、ドイツの生物学者ギュンター・エンダーレイン博士（一八七二～一九六八）の功績も修得している。

エンダーレイン博士は、ネサン博士が発見した一六段階のソマチッド・サイクル以外にも、ソマチッドは多彩に変身することを観察している。

「……ネサン博士は顕微鏡で見えるある程度の大きさのものをソマチッドと一括して呼んでいますが、エンダーレイン博士は、きわめて微小な体内共生微生物について、暗視野顕微鏡で見えないような段階のものをプロティット、さらにそれがいくつか結合して発達したものをスパーミットなどと呼んで細かく分類しています」（宇治橋氏）

●生体と物体の中間的存在

現代科学の世界でも、もはやソマチッドの存在は無視できない。

既成の学界では、それをどうとらえているのか？

「……無機的な粒子だと現代科学の世界ではとらえられています。ソマチッドを顕微鏡で観察すると不規則な動きをしていますが、これは小さな粒子が次々に衝突することによって引き起こされる〝ブラウン運動〟だとされています」（宇治橋氏）

しかし彼は同意しない。

「ソマチッドは無機質と有機質の中間の存在ではないか」という。

生体と物体の中間的存在と見ているのだ。

ここで私見を述べたい。

これまでソマチッドを検証してきたが、量子論からの観点は見当たらなかった。

「量子力学」では、万物の存在は〝波動〟であり、いかなる物質も存在しない。

つまり、ソマチッドも物体ではなく〝波動〟なのだ。

そして、宇宙万象も、突き詰めれば量子波にいきつく。

つまりは、全ては量子波の総合体に過ぎない。

ついに「量子力学」は「霊」の存在を認めた

●「幽体離脱」「霊魂」「転生」……

さらに「量子力学」は人間の存在は「肉体」「幽体」「霊体」の三層で構成される、としている。

そして、「幽体」は時として「肉体」から離脱する。これが「幽体離脱」現象だ。

「幽体」には、①視覚、②聴覚、③嗅覚、④味覚、⑤触覚の五感に加えて⑥記憶力までが備わっている。

「肉体」が死滅すると「幽体」と「霊体」は戻る場所を失う。

すると、両者は一体となり「幽霊」として浮遊する。

量子論では、宇宙には一一次元の世界が存在する、という。

「肉体」から離脱した「幽霊」とは、まさに「霊魂」そのものである。

「霊魂」は異次元の〝あの世〟に向かう。

そして、母体の胎内で成長を続ける胎児の脳に、「霊魂」の記憶は転写される。

その瞬間、胎児はまぶしい光を放つ。それが胎光である。

こうして、「霊魂」のもつ前世の記憶は新しい生命に受け継がれる。

だから、前世を記憶する子どもたちがいるのも当然である。

すでに科学者は、生まれ変わりの事実を認めている。

●時空を超える量子波反応

ここまで考察すると、ソマチッドが生物か無生物かの議論すら無意味に思えてくる。

万物は量子波の集合体なのだ。人間の意識も量子波であり、肉体も量子波だ。

それでは、肉体から離脱した「幽体」「霊体」は生命体か？　物体か？

〝意識〟も量子波である。そして、ソマチッドも量子波である。

波動は同じ周波数を求めてシンクロし共振する。つまり量子波の〝情報〟が共有されたのだ。

「量子力学」の「ヒモ理論」が二〇二二年度のノーベル物理学賞を受賞した。

これは、対の「量子」（量子波）は、一億光年離れていても同時に反応する……という発見だ。

つまり、対の量子波のシンクロ反応は時空を超える。

●〝存在〟が〝意識〟を持つ

話をソマチッドに戻す。

ネサン博士は、ソマチッドが「宿主」である人間の体調や感情に反応して変化する現象に驚いている。

さらに、増川博士のいうように「怒っている人」「病んでいる人」などに反応して活性化したり、落ち込んだりする。さらに、「宿主」の体から逃げ出す。

こうなると、まるで〝意志〟を持つ生命体だ。

それどころか、ソマチッドは群生をつくり、互いに結合して、細菌に変化していく。

こうなると、ソマチッドは初めから生命体ではないか。

ただし、従来の定義に当てはまらない生命体なのだ。

〝意識〟も量子波である。そして、すべての〝存在〟も量子波である。

なら、〝存在〟が〝意識〟を持つのもありえる。

こうなると生物と無生物の境界は、さらにあいまいになる。

われわれは、そのような生命観、宇宙観の入り口に佇《たたず》んでいるのだ。

もはや、前に一歩を進めるしかない……。

第7章　宇宙でいちばん安上がりの健康法〝葉っぱ療法〟

――「植物」の量子波と「人間」の量子波が感応〝共鳴〟する

その辺の葉っぱを、むしって当てればアラ不思議

●葉っぱを足首に当てるだけ

「……どんな葉っぱでもいいのです」

目の前のお顔が、ほほ笑んでいる。

㈱コロナ相談役、内田力氏。

「……いいですか？　両手を体の後ろで組んでください」

言われるままに後ろ手を組む。すると内田さんは、やおらそこに両手を当てて、全体重を乗せてくる。

たまらず、体は後ろによろめく。

つぎに内田さんは、奇妙な行為に及ぶ。

■奇跡の葉っぱ療法“伝道師”

写真7-1　内田力氏

間近にあった観葉植物の葉っぱを一枚むしってきた。

それを、私のズボンの裾を上げて、脚の足首に当てて靴下を上げて固定した。

足首の葉っぱが、ひんやり気持ちがいい。

「……両足首の内側に貼りました。このツボは心臓にもつながっています。もう一回、両手を後ろに組んでください」

いわれるままに後ろに組む。

またもや、彼は全体重を両手に乗せて、これでもか、とばかりに下に押さえる。

アラ……不思議。さっきはてきめんよろけたのに、今回はビクともしない。

アレッと笑いが浮かぶ。内田さんを見る。目が笑っている。

「……葉っぱの力です」

エッエ……なになに？　こちらは首をひねるばかり。

葉っぱを足に当ててないときは、後ろ手を押さえられただけであっけなくよろめいた。

だけど……足首に葉っぱを当てたら、今度はビクともしない。

いったい、どういうこと……？

●数百年来のマタギの知恵

内田さんはニッコリ。「葉っぱの力です」

ああ……これは、〝Oリング・テスト〟（66ページ参照）の変形だな。

「……そのとおりです。〝葉っぱ〟の波動が足のツボから入った。それに、体の筋肉が反応したのです」

だけど、その辺の植木鉢の葉っぱをむしってきただけ。

それをペタッと足首に貼っただけなのに。そういえば、足がすっと軽くなった。

「……〝葉っぱ療法〟ですね。数百年のマタギの知恵です」

マタギとは東北地方の伝統猟師のことだ。かれらは山野を何日も獲物を求めて渉猟する。

足をくじいたり、捻挫をしたり、思わぬ怪我はつきものだ。

さらに、尾根越え、谷越え、獲物を仕留めるまで帰れない。

疲れ果てた脚のツボに葉っぱを当てる。すると、怪我の治りが早い。脚の疲れも嘘のように取れる。こうして先祖から伝承されて来たマタギの知恵が、〝葉っぱ療法〟なのだ。

まさに、経験科学だ。何百年もの体験で実証してきた。原理は判らないが、効果は判る。

「……そうそう、体験医学ですね」

内田さん、得たりとばかりにうなずく。

『聖書』の時代からあった〝葉っぱ療法〟

●『聖書』(ヨハネ黙示録)

内田さんは〝葉っぱ療法〟で治った例を列挙してくださった。

①足の小指を骨折した人が葉を(靴に)入れたら、歩けるようになった。
②別の人が同じように骨折。やはり同様の〝葉っぱ療法〟で歩けるように。
③膝が痛くて正座できない人が葉を入れた翌日、痛みが消え正座できた。
④腰が痛くて葉を入れたら、痛みが消え、冷え性の足も暖かくなった。

「……植物は、天の神から(気エネルギー:プラナ)を受信しています」と内田さん。

「〝葉っぱ療法〟は、『聖書』(ヨハネ黙示録22・2)にも、ちゃんと書かれています」

なんと、『聖書』の時代から〝葉っぱ〟による民間療法は行われていた!

「川は、都の大通りの中央を流れ、その両岸には〝命の木〟がある。それは年に一二回も実をみのらせる。さらに、その〝木の葉〟は、諸国の民の病を治した」(ヨハネ黙示録)

「ヨハネ黙示録」は予言の書ともいわれる。

数千年前の古代に、〝木の葉〟を用いる自然療法（ナチュロパシー）が広がることを予言していたのかもしれない。

植物の葉から癒し効果の「波動」が出ている

●古来からの手当て療法だ！

わたしは、思わず返した。

「これは手当て療法ですよ。昔から伝統療法にあります。あれだ、あの〝ビワの葉療法〟！」

「そうそう。〝ビワの葉療法〟です」

知る人ぞ知る古来から伝わる民間療法だ。なんだ、〝葉っぱ療法〟は昔からあったのだ。

マタギの人達は、それを口伝で代々伝えて実践してきたというわけだ。

「ビワの葉は、昔から気のパワーがあると言われてますよね」

「そう。ビワの葉は、力があります」

その中でも広く行われてきたのが〝ビワの葉温灸〟だ。

●静かに広まる〝ビワの葉温灸〟

〝ビワの葉温灸〟とは、どのようなものだろうか。

（1）だれでも手軽にできる過程療法です。
（2）熱くない。跡がつかない。気持ちよい。
（3）どんな病気にも副作用なしの自然療法。
（4）健康な美しさと若々しさを保つ健康法。
（5）対症療法でもあり根治もする全身療法。

（「自然館」サイトより）

自然商品などを扱う「自然館」では、「〝ビワの葉温灸〟セット」も通信販売している。さらに、〝ビワの葉温灸〟講習会も開催。ネットで〝ビワの葉温灸〟のやり方も具体的に指導している（図7-2）。

この〝ビワの葉温灸〟には、①〝葉っぱ療法〟、②〝お灸療法〟、③〝温熱療法〟のトリプル効果がある。

●〝葉っぱ療法〟奥は深い

〝ビワの葉温灸〟は、今も広く民間で伝承され行われている。明らかに効果があるからだ。熱心に施術を広める方々も、その原理を深く理解しているわけではない。

体験科学なのだから当然だ。

ましてや、「波動医学」などの知識、裏付けがあるわけではない。

とはいえ、〝ビワの葉温灸〟はなぜ〝効く〟のか？

「ビワの葉の有効成分が、熱とともに、ツボから体内に入っていきます」

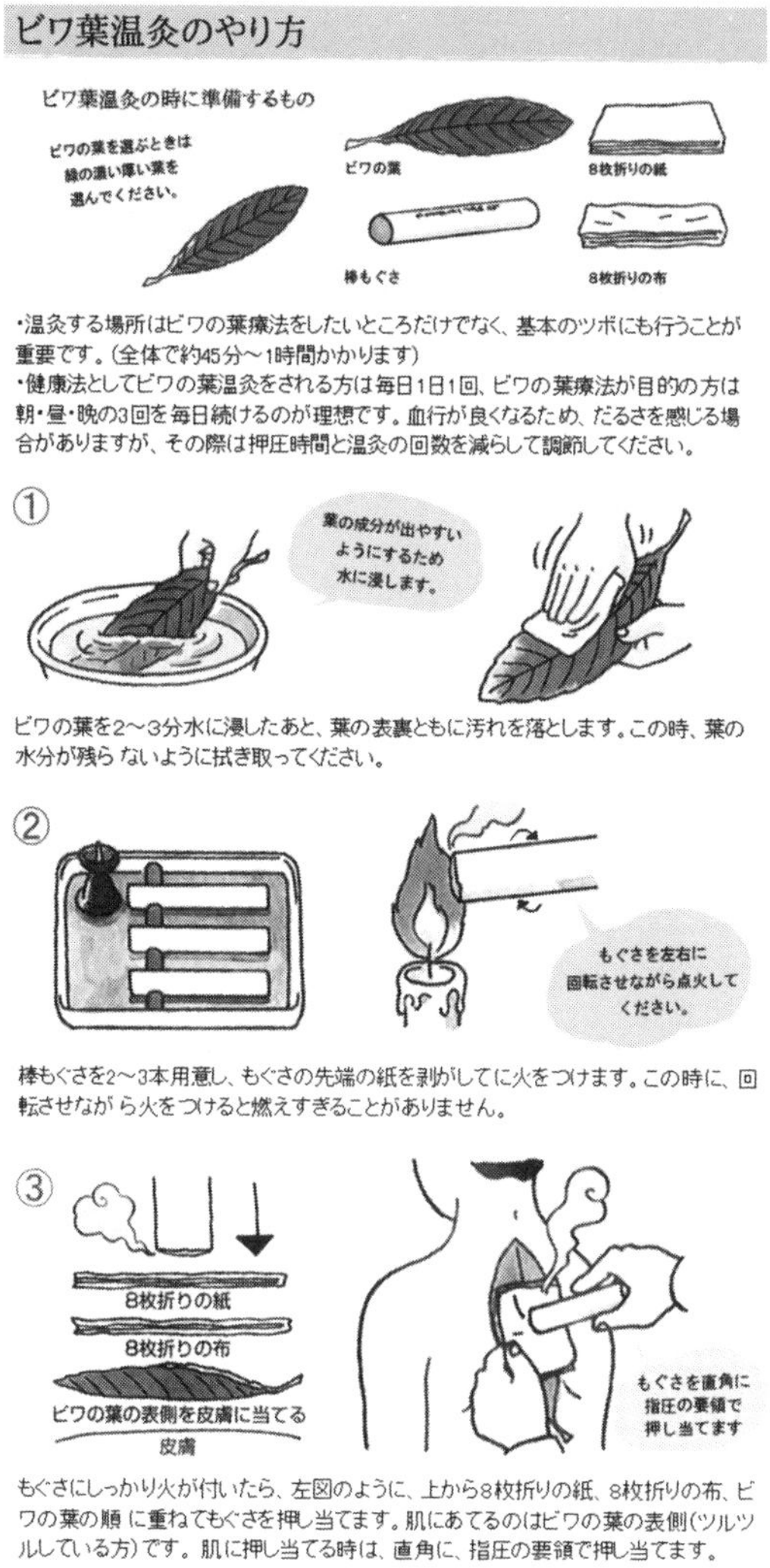
ビワ葉温灸のやり方
ビワ葉温灸の時に準備するもの
ビワの葉を選ぶときは
緑の濃い厚い葉を
選んでください。
ビワの葉
8枚折りの紙
棒もぐさ
8枚折りの布
・温灸する場所はビワの葉療法をしたいところだけでなく、基本のツボにも行うことが重要です。(全体で約45分～1時間かかります)
・健康法としてビワの葉温灸をされる方は毎日1日1回、ビワの葉療法が目的の方は朝・昼・晩の3回を毎日続けるのが理想です。血行が良くなるため、だるさを感じる場合がありますが、その際は押圧時間と温灸の回数を減らして調節してください。
①
葉の成分が出やすい
ようにするため
水に浸します。
ビワの葉を2～3分水に浸したあと、葉の表裏ともに汚れを落とします。この時、葉の水分が残らないように拭き取ってください。
②
もぐさを左右に
回転させながら点火して
ください。
棒もぐさを2～3本用意し、もぐさの先端の紙を剥がしてに火をつけます。この時に、回転させながら火をつけると燃えすぎることがありません。
③
8枚折りの紙
8枚折りの布
ビワの葉の表側を皮膚に当てる
皮膚
もぐさを直角に
指圧の要領で
押し当てます
もぐさにしっかり火が付いたら、左図のように、上から8枚折りの紙、8枚折りの布、ビワの葉の順に重ねてもぐさを押し当てます。肌にあてるのはビワの葉の表側(ツルツルしている方)です。肌に押し当てる時は、直角に、指圧の要領で押し当てます。

図7-2　ビワ葉温灸のやり方（「自然館」サイトより）

それは、まちがいではない。しかし、〝葉っぱ療法〟のメカニズムは、さらに深い。

それを解明するのが、「波動医学」であり「量子力学」なのだ。

愉快！　頭痛も消える「キャベツ・ヘルメット」

●西洋に伝わる伝統医療の一つ

〝葉っぱ療法〟は『聖書』にも載っていた。

ということは、西欧でも二千年以上の歴史がある民間療法なのだ。

しかし、ロックフェラー財閥が西洋医学を独占し、地球規模の医療マフィアとなってしまった。

〝やつら〟はメディアも完全支配下においた。

そして、薬物療法にじゃまな伝統医療を、徹底的に弾圧排除してきた。

犠牲になったのは、**①自然療法（ナチュロパシー）、②心理療法（サイコパシー）、③整体療法（オステオパシー）、④同種療法（ホメオパシー）**。

だから、これ以外の民間療法などは、ひとたまりもなかった。

そんな伝統療法の一つが〝葉っぱ療法〟なのだ。

医学界からもメディアからも黙殺されたため、欧州でも知る人は少なくなっている。

中でも愉快なのが「キャベツ・ヘルメット」だ。

これは、キャベツの中身をくりぬいて、それを頭にかぶせる。なかなかユーモラス。

このヘルメットをかぶっただけで、周囲に笑いがあふれ、本人も病気は治りそう。

●波動で感応・共鳴し治癒する

ただし、体験科学としての効用は確かだ。

キャベツ葉っぱの細胞からは、量子波エネルギーが放射されている。

キャベツの生命エネルギーの波動だ。

気功師が気エネルギーを相手に伝えて病気を治すのと原理は同じだ。

内田さんが広めている〝葉っぱ療法〟と同じく、キャベツから出た波動に、人間の患部の波動が感応、共鳴して、生命波動は増幅、強化、調整される。

これは、「波動医学」とまったく同じ原理だ。

この生命波動の調整効果で、「頭痛」「発熱」などが消えていく。

むろん、キャベツ・ヘルメットに副作用はまったくない。

ただ、周囲が一目見て吹き出すことくらいだ。

キャベツ療法はネットでも紹介されている。

「……日本の老人介護施設でキャベツの葉っぱを体に貼るという『葉っぱ療法』を実践しはじめたら、体のあちこちが痛かったり、ほぼ寝たきりであまり動けなかったお年寄りたちが、どんどん動くようになって元気になっていった」（「健康・環境関連ニュース」）

これはスゴい。体にキャベツの葉を貼るだけだ。

それで体の痛みがとれ、寝たきりが動けるようになった。コストもタダ同然。

老人施設などの介護士さん。だまされた、と思ってぜひおためしあれ。

●足の長さが違う女の子

キャベツは、体に貼らなくても効果がある。手に持っているだけでいい。

以下、森林浴教室でのキャベツ療法の感動物語。

「……極端に両足の長さが違う女の子が、お母さんに連れられてきたんですよ。話を聞くと、このままじゃ歩けないから、手術して足の長さを揃えましょうと医者から言われたそうなんです。噂に聞く森林浴教室でだめだったら、医者の言うとおりにする覚悟で、最後のチャンスのつもりでやってきたんですね。

女の子は、血行不良で顔色も真っ青、ほとんどしゃべることもなかったんですが、とりあえずキャベツをもたせて寝かせ、様子を見ることにしたんです。すると、顔色がどんどんピンク色に変わってきて、10分もしないうちに足の長さが揃っちゃったんですよ」（びんちょうたんコム「谷口先生に聞く」）

●キャベツの奇跡に皆泣いた

まさかまさか……。この森林浴教室のスタッフが一番驚いたのではないか。

担当者が、やさしく女の子に声をかけた。

「そっと起きて、歩けるなら歩いてみてごらん」

女の子は、ゆっくり起き上がって、歩き始めた……かと思うと、走りだした。

「……相当嬉しかったんだと思いますよ。グルグル走りながら涙をいっぱい流してましたよ。もちろんお母さんも大泣き。みんなでワンワン泣きましたね」（同）

――その光景を思い浮かべると、涙があふれる。

もういちど言う。この女の子は、キャベツを手にもってベッドで横になって休んだだけ。

それから一〇分足らずで起こった奇跡……。

植物のもつ生命エネルギーが、この女の子の足の長さをそろえ、走り回らせたのだ。

植物の波動エネルギーは、この女の子の人生を変えたのだ。

キャベツなどの植物には、天使が潜んでいるとしか思えない。

もし、この女の子が病院に行っていた場面を想像すると、ゾッとする。

麻酔をかけられ、足をノコギリで切断される。そんな光景にたまらず叫びそうになる。

病院は〝死の教会〟、死因一位は医者である

●命を救うか、それとも奪うか

〝ビワの葉〟や〝キャベツ療法〟など民間療法を広めている人たちは、尊い。

いま、世界中で民間療法が見直されている。そして、人々は現代医療から逃げ出している。

前者は命を救い、後者は命を奪う。その恐ろしい事実に、ようやく人々は気づき始めた。

「現代医学の神は死神である。病院は死の教会である」（ロバート・メンデルソン博士）

つまり、現代の医学は〝殺す〟ための医学である。病院は〝殺す場所〟なのだ。

メンデルソン博士は断言している。

「現代医学で評価できるのは一割の救命医療のみ。残り九割は慢性病に無力で、悪化させ、死なせている」「地上から九割の医療が消え失せれば、人類はまちがいなく健康になれる」（『医者が患者をだますとき』ＰＨＰ文庫）

ここまで言っても、まだ信じられない……気持ちはよくわかる。

●ガンでも四倍生きる方法

しかし、人類の死因第一位は、〝医者〟なのだ。

アメリカでも死因一位は〝医原病〟で、第二位が心臓病だった。

「医者に行かなきゃ、助かった」

まさにブラックジョークだ。しかし、それは真実だ。

カリフォルニア大学のＨ・ジェームズ博士は驚愕事実を発表している。

「ガン治療を受けたガン患者の平均余命は三年、受けなかった患者は一二年六か月生きている」

つまり、ガン治療を受けると余命は、受けない人の四分の一以下になる。

これはいったい、どういうことか？

つまりガンと診断されても病院に行くな。行ったら四倍早く〝殺される〟。

なぜ病院に行かないとガン患者は四倍以上生きるのか？

猛毒抗ガン剤、有害放射線、危険手術の三大殺戮《さつりく》をまぬがれるからだ。

●八割はガン治療で殺される

そもそも病院でガンと診断されても、それ自体がペテンなのだ。
「ガンと告知されても、九割はガンではない」（近藤誠医師）
それは良性なので、食事・習慣を改めればすぐに治る。
なのに病院に駆け込んで、死亡した八割の患者は猛毒抗ガン剤、有害放射線、危険手術で〝惨殺〟されている。これが日本のガン治療の戦慄の実態なのだ。

まさに悪魔のガン治療……その実態は『あぶない抗ガン剤』（共栄書房）にすべて書いた。

ここまで読んでも「病院に行く」と言うなら、わたしは止めはしない。

それもその人の選択だ。騙されることも、殺されることも、その人の運命である。

死ぬ瞬間に「だまされた」と苦悶のうちに気づくだろう。

しかし、その地獄もその人が選んだのだ。因果応報。宿命とはそういうものだ。

「無知は罪であり、知ろうとしなかったことはさらに深い罪である」

この真実に、苦悶地獄のなかで気づくのだ。しかし、もはや手遅れでしかない。

万物の変化のなかに天地の恵みあり

●万象の物質化とソマチッド

話を〝葉っぱ療法〟にもどす。

いまや、その伝道師といってよい㈱コロナの内田相談役。温顔で語る内容は深い。

その教養は、古代神道から『聖書』ヨハネ黙示録にまで及ぶ。

「……和銅五年、太安万侶《おおのやすまろ》が、『天地のはじめ』について託宣しています。『宇摩志阿斯訶備比古遅《うましあしかびひこち》の神』とは『生命誕生の神』です。『うまし』と『美し』、『あしかび』とは『霊質：ソマチッド』のことです。それは『三八億年前の意志をもった不死生命体』です」（内田さん）

古神道の「神託」にソマチッドが登場していることに驚く。内田さんは続ける。

「『あしかび』には『糀《こうじ》』の意味もあります。『酵素』『天然バイオ水』『発酵微生物（シアノバクテリア）』も同じ。『万物の物質化』を表現しているのです」

話は「宇宙」から「生命」へと、壮大だ。

それは――アシカビ（葦牙）↓鳥の子の卵の如し（幽体化）↓泳ぐ魚の如し↓土の海（物質化）↓地球へ――。

まさに、仏教で言う生々流転。

「神道は『無』から『有』、仏教は『空』から『色』の原理です」（内田さん）

これは東洋哲学の神髄で、なかなか難しい。

量子論も、万象物質化を同じようにとらえている。

●カブトガニ発生の神秘

――宇宙万物は「波動」であり、「物質」は存在しない――

これは、般若心経の「色即是空」「空即是色」（万象の実相は空であり、空から万象は生じる）。

それと同じことを言っているのだ。

内田さんは、この万象の物質化をカブトガニの発生で説明する。

「……これ（写真7-3）は、カブトガニが卵の中で、クラゲのような状態から甲殻化していく

■カブトガニの「霊質」が「肉体」に

写真 7-3

段階を撮影したものです。ちょうど〝霊質〟から〝幽体〟化、それがやがて〝肉体〟化していく。その過程を推し量るのに、ふさわしい写真です」

「波動生理学」に基づけば、カブトガニの胚はまだ実体のないクラゲ状。それが、ソルフェジオ周波数の刺激を受けて、甲羅や内臓など個々の部位が発生していく。

それはまさに、「無」から「有」が生成される、生命の奇跡とも呼ばれる現象です。

Oリング・テストは「幽体」センサーで判定

●「幽体」から筋肉に情報

内田さんは、〝葉っぱ療法〟の効果をためすのに〝Oリング・テスト〟の応用型を用いていた。

これは、別名〝筋反射テスト〟と呼ばれる。

左手に安全な物を載せる。すると右手の〝Oリング〟は開かない。

ところが、有害なものを載せると、あっけなく開く。

不思議というしかない。

左手の物質の「有害」「無害」を、いったいどうやって体は判断したのか？

テストの開発者ですら、メカニズムを説明できない。しかし、結果は八、九割という高確率で判定されるのだ。

これは、「量子力学」の知見がないと説明不能だ。

量子論では人体を、「肉体」「幽体」「霊体」の三層からなる、としている。

「幽体」は量子波そのもの。左手の有害物も検知可能だ。

その〝情報〟が量子波により「肉体」に伝えられ、それが筋肉反射として現れるのだ。

●天然バイオ水でパワーアップ

内田さんはコロナの社長当時に「天然バイオ水」を発明。

それは「天然の有用微生物由来の酵素溶液から作った」という。

「……『天然バイオ水』は生体エネルギー効果も高く、二〇〇〇人以上の〝Oリング・テスト〟による評価で、使用後はパワーアップするという結果を得ています」（内田さん）

実はわたしも〝被検者〟となった。やはり、〝Oリング〟はがっちり開かなかった。

このスプレーにはパワー効果あり、と実感した。

「……除菌、消臭効果、抗ウイルス効果があり、アルコール消毒にくらべ持続性があり、化学薬品不使用なので無害」といいことづくめ。

「経験したことのない心地好いすべすべした肌になり、美肌効果が好評を得ています。皮膚再生力が増し、アトピー、肌荒れ、乾燥肌など皮膚トラブルへ使用し、効果が現れています」（内田さん）

その温和な笑顔は福々しくもあり、神々しさすら感じる。

まさに、〝葉っぱ療法〟など民間療法の伝道師の名にふさわしい面持ちだ。

第8章　植物も水も、〝意識〟〝感情〟を持つ
――かれらも「波動」で〝交信〟〝思考〟〝記憶〟する

生体電流に現れる植物の喜怒哀楽の〝感情〟

●ウサギの死への〝感情〟

「植物にも〝感情〟がある」

これは、最近よく知られるようになった。

有名な実験がある。植物にも動物と同じように生体電流が流れている。

これで、体内の情報交換が行われてるのだ。

残酷だが、ある植物の前でウサギを惨殺する。その瞬間、植物の生体電流は激しく乱れる。

それは、植物がショッキングな行為に動揺しているのだ。ウサギの死に対する絶叫でもある。

まさに、植物にも〝感情〟があることの証明だ。それは、ウサギの苦しみや死への〝同情〟でもある。それこそ〝愛情〟だ。植物には〝愛情〟も存在するのだ。

植物に水やりするときに、やさしい声をかけるとよく育つという。

育てる側の〝愛情〟が植物に伝わり、植物の生理活性（生命力）が上がるのだ。

その逆が起こるのが、第7章で紹介した〝葉っぱ療法〟だ。

キャベツの葉を一〇分ほど手にもっているだけで、不揃いの足が揃って走りだした女の子。

その感動的なエピソードを思い出してほしい。

それは、キャベツの生命波動（量子波）と女の子の生命波動が共鳴したのだ。

同じ周波数の二つの波動が出会うと、共鳴・共振現象で数百倍ものエネルギーが発生する。

まさに、宇宙エネルギーが顕在化し、放出されるのだ。

それが生命エネルギーに転換され、命の奇跡を生み出したのだろう。

●チーズを美味しくする音楽

植物には、「好き」「嫌い」の〝感情〟もある。

モーツアルトの音楽を聞かせると、植物はスピーカーに寄り添うように成長する。

ヘビメタのロックを鳴らすと、植物はスピーカーとは逆向きに成長していく。

「うるさくてカナワン」とでも言いたげだ。

それは植物に限ったことではない。動物でも同じ。

牛舎でモーツァルトを聴かせると、牛の乳の出がよくなる、とはよく知られた話だ。

単細胞生物も同じ。チーズの発酵酵母に、さまざまなジャンルの音楽を聞かせた実験がある。

その結果、出来上がったチーズは、すべて音楽の分野ごとに異なった風味で仕上がった。

いちばんいい出来だったのがラップ音楽だった、とは意外。

特有のリズムが、チーズ発酵菌にいい活性を与えたのだろう。

とうぜん、良い音楽を聞かせれば、植物は生き生きと成長する。

悪い音楽を聞かせると植物の成長は阻害されたり、いびつになる。

以上は、科学的な比較実験で証明されている。

植物と〝会話〟した大学者ルーサー・バーバンク

●動物や植物と〝対話〟できる？

わたしも観用植物を育てているが、植物から〝感情〟を明らかに感じる。

水やりすると、葉っぱも生気をとりもどす。「ああ……喜んでいるな」と、伝わってくる。

さらに、水やりを忘れると植物はしなびてきて、苦しんでいる「波動」が伝わってくる。

ごめん、ごめんと水をやる。

すると、明らかに生気がよみがえり、「ありがとう」という〝感情〟を感じるのだ。

これらは、存在証明できてもメカニズムは不明だった。しかし、〝意識〟イコール〝量子波〟

なら説明がつく。

動物も植物も〝意識〟〝感情〟〝記憶〟が量子波なら、たがいに〝共鳴〟（共感）もありうる。

つまり、互いに心が通じ合う。

これまでも「動物と対話できる」「植物と対話できる」という超能力者が世情をにぎわせることがあった。大体がペテン師の烙印を押されて追放されるのが、お決まりのパターンだった。

それは、世の超能力者が味わう悲運だった。

中世のキリスト教社会では魔女の烙印を押されて、火炙りで公開処刑されたほどだ。

世の超能力者が、できるだけ目立たないよう、ひっそり生きているのもうなずける。

●植物も宇宙人もテレパシー

アメリカの植物学者ルーサー・バーバンク（一八四九〜一九二六）は、ジャガイモやサボテンの品種改良で知られる。

彼は数多くの作物の品種改良を行い、現代の農業や園芸の基盤をつくった大学者だ。かつて、世界の発明家といえば、だれでもエジソンとバーバンクの名前をあげたほどだ。

そんなバーバンクは、「さまざまな植物と会話できた」と書き残している。

たとえば、彼はサボテンに語りかけた。「なぜ、君はトゲがあるんだい」。

サボテンが答えた。「自分の身を守るためですよ」。「そうかい」とバーバンクはうなずき、安全な環境でサボテンを育てて、トゲのないサボテンに生まれ変わらせた、という。

むろん、これらの〝会話〟は、言語で交わされたのではない。

第六感テレパシーで交信されたのだ。

おそらく、植物が発する〝意志〟や〝感情〟は、この大学者の脳内で言語に変換され、理解されたものと思われる。

ちなみに、地球に来訪したエイリアンと人類との〝会話〟も、まったく同じだ。

たがいに〝意思〟をテレパシーで伝え合う。

受け取る側が脳内で、互いの言語に転換（翻訳）して理解しているのだ。

嘘発見器に植物、卵、ヨーグルト、細菌が反応！

●〝感情〟〝感知〟能力あり

一九六六年、ＣＩＡ（米中央情報局）の取調官だったクリーヴ・バクスター氏は「ポリグラフ」（嘘発見器）で、「植物に〝感情〟がある」ことを証明し、全世界を驚かせている。

彼は「リュウゼツラン」（竜舌蘭）を用いて、ポリグラフで感知する「生体電流」の変化で「植物も人間のように感知し、感情がある」ことを発見した。

「……さらに、植物は人間が考えていることさえ感じるとることが分かった。バクスター氏はその後、タマゴやヨーグルト、細菌、人体の細胞などに対してもさまざまな実験を行い、同様の現象が現れたことを記録した」（REUTERSサイト「植物にも感情がある」）

植物に〝感情〟〝感知〟があることは理解できる。

しかし、タマゴやヨーグルトには笑ってしまう。さらに、細菌、細胞まで……！

彼は、これらを「生命感応現象」（バクスター効果）と命名し、発表した。

しかし、例によって、科学界からは完全黙殺された。

●中国故事『万物に霊あり』

なぜ、植物や細胞などに〝感情〟〝感知〟能力があるのだろう？

「……植物の感情をコントロールする生命は、どうやって植物に入り込み、輪廻するのか？」

「その生命を作ったものは誰なのか？」。科学者らは、答えられない。

ここで想起するのがソマチッドだ。超微小生命体ソマチッドは、人間の〝感情〟を〝感知〟する。

タマゴやヨーグルト、細菌、人体細胞にも、ソマチッドは潜んでいる。

だから、これらの反応は、ソマチッドの反応なのではないだろうか？

他方で、水の〝記憶〟〝感情〟なども各方面から報告されている。

これらの実験結果は、「水」と「ソマチッド」の共有反応なのかもしれない。

「……一方、中国では古代から、『万物に霊あり』（すべての生物には魂がある）と考えられていた。バクスター氏の発見は、中国伝統文化に根付いた万物に対する見方と一致している。過去40数年にわたって『生物感応現象』の研究を続けてきたバクスター氏は今、86歳。ある人は彼を『神の使者』と呼ぶ」（同）

植物の〝知覚〟は量子コンピュータに匹敵

●〝危機〟警報を森中に発信

植物はみずから〝危機〟を察知するだけでなく、他の仲間にも知らせ合う。

たとえば、森の片隅ある木の幹にナタで伐りつける。

すると、木は傷を治癒するため樹液を分泌する。

それだけでない。なんと森の他の仲間の木々に〝危機〟を知らせる。

どうやって警報を発するのか？

葉っぱなどから、特殊な揮発成分（フィトンチッド）を放出して危険を知らせる、という。

その成分を受け取った木々は、各々が治癒の樹液を分泌し始める。

つまり、伐られる前から〝攻撃〟に備えているのだ。

このように森の木々は、一つの運命共同体として〝危機〟を知らせ合う。

さらに〝治癒〟を共有しているのである。

そして、植物同士の危機管理システムは、それ以上に精密かつ奥が深い。

●植物は量子コンピュータ

二〇一〇年、ワルシャワ大学は衝撃的な論文を発表している。

「……植物も〝思考〟〝選別〟〝記憶〟している」

これは、一九六六年に発表された「バクスター報告」を追認したものだ。

じつに四四年目の名誉回復となる。

「……植物は、動けない代わりに、植物的な〝知恵〟とも言える〝生物学的量子コンピューティング〟や〝細胞光メモリー〟などの、極めて洗練された敏感でダイナミックな能力を発達させてきた」（同論文）

つまり、植物は量子コンピュータと同じ機能を備えて生命活動を営んでいる！

「……植物は、じっさいに〝光〟の強度とエネルギーによって、〝暗号化〟された量子情報を処理している」

驚いたことに、研究者はこれを〝生物学的量子コンピュータ〟と命名している。

さらに「植物を量子コンピュータとして活用する」という発想だ。

植物の〝教育〟〝思考〟〝選択〟する知性

●植物は高度な知的生命体

つまり、「植物は環境の変化に気づき、将来を〝予測〟し、情報を〝記憶〟できる」。

それを、次のように活用する。

「……たとえば、病原体の感染など、近い将来、環境に現れる可能性のある変化を〝予測〟する。そのために、光のスペクトル組成からの情報を数日間あるいは、それ以上、〝記憶〟して活用できる」

「植物は、さまざまなシナリオにたいして、〝検討〟や〝選択〟も行っている。同じ葉の中の異なるグループごとの葉緑体（クロロフィル）および細胞は、安定した同一の光、温度、湿度の条件下においても、どうするべきかという異なる見解を持ち、将来の発展へのシナリオを異なる型で検証している」（同論文）

これは、植物が高度なレベルで〝思考〟〝選択〟していることの証明である。

こうなると、まさに植物とは高度な知的生命体そのものだ。

●無音で病気に、自然音で治癒する

それだけではない。

ワルシャワ大学研究チームは、植物同士の興味深い〝ふるまい〟に驚嘆している。

「光合成の経験を積んだ〝ベテラン〟の葉が、若い葉に、光合成のやり方を教えていた……」

これは、別の言い方をすれば、植物内で〝教育〟が実施されているのだ。

そして、光合成の余剰エネルギーは、植物内でのこうした〝教育〟や〝免疫〟向上に使われている、という。

つまり、植物も自然界で、高度な〝思考プロセス〟を備え、精密な〝生存システム〟でサバイバルしているのだ。

植物は外部情報を、音や光など「波動」から得ていることは、いうまでもない。

興味深い植物の成長実験がある。葉っぱ、茎、花などに低い低周波を〝聴かせる〟と、成長率は、「無音」の状態より数倍も大きくなることが判明した。

外部情報から音刺激がないと、植物はすくすく育たない。

鳥のさえずり、せせらぎ、風の音など、自然音が存在するのがあたりまえだからだ。

ぎゃくに植物にとっては、「無音」はストレスとなるのだ。

これは、植物にかぎったことではない。人間など動物にもそっくり当てはまる。

今から二五〇〇年も昔の古代ギリシャの科学者ピタゴラスは、「鳥の声、水の音、風の音などの自然音が、病気を癒す」と喝破している。

ぎゃくに「無音」「人工音」「騒音」などは、心身を蝕《むしば》み病気にするのだ。

水は情報を〝学習〟〝記憶〟〝転写〟する

●「水は知的生命体である」

植物の知性に驚いてはいけない。水にも同様の知性がある。

「水は知的生命体である」。そう断言するのは増川いづみ博士。同様題名の著書もある。

増川先生に最初に会ったのは、もう二〇年ほど前。その時の第一印象が忘れ難い。

先生は開口一番、こう言ったのだ。

「……水は〝記憶〟していますよ」。いったい何を？

「〝自分〟がどこで採れた水か、覚えているのです」

あっけにとられた。この女性博士、アタマだいじょうぶかな、と思った。

しかし、彼女はにこやかに、まったく自然に続ける。

「……たとえばヒマラヤで採れたとか、富士山の湧き水とか、自分の〝出身地〟を、おぼえているんです」

その時は、半信半疑だった。しかしその後、水の〝学習〟〝記憶〟能力を、ノーベル賞級の学者たちが、次々に証明しているのだ。

増川博士は、彼らより以前から、水に内在する〝知性〟に気づいていたことになる。

●ノーベル賞学者がつぎつぎ証明

「……水に〝音楽〟〝映像〟など『波動』刺激を与える実験をしました」

ノーベル賞物理学書を受賞したブライアン・ジョセフソン博士（ケンブリッジ大学医学部名誉教授）は、結果に驚愕した。

「……水は〝音楽〟〝映像〟などの〝刺激〟を受けると、各々それに反応して、特殊な〝構造体〟を生成したのです」

つまり、水はこれら波動の〝情報〟を〝記憶〟し、それを基に、新たな〝構造〟を生み出しているのだ。それはまさに、一連の知的作業にほかならない。

■「水には『知性』がある」

写真8-1　ブライアン・ジョセフソン博士

続いて博士は、外部から「特定音」の〝音波〟が生み出すこれら〝構造〟が、完全に生成されるまでの時間を計測した。すると、不思議な現象が観察された。

「……実験回数を重ねるごとに、その時間は短くなっていくのです。水が『経験』（情報）を蓄積している。つまり、水は〝学習〟している。水に〝知性〟があるとしか思えな

い。水は『どうしたらすばやく、もっと安定した形態に到達できるのか』を〝学習〟しているのです」（ジョセフソン博士）

博士が用いたのはサイマ・スコープという最先端器機。それにより、水の動向と変化を観察したのだ。

その結果得られたのは——水が〝情報〟を〝記憶〟〝学習〟し、新たな〝構造〟を作り出す——という驚異的な事実だった。

この記念碑的発表が行われたのは、英国王立医学アカデミーの国際セミナー会場。掲げられたタイトルは、「水科学・新しい展望」というものだった。

隣の試験管の純水に〝情報〟が飛んだ！

●情報九八％が〝転写〟された

続いて登壇したのもノーベル賞学者（生理・医学）のリュック・モンタニエ博士。

彼は、エイズウイルスのゲノム構造を解明した功績で、あまりに有名だ。

「……私は、エイズウイルスのDNA断片（一〇四塩基対）が入った試験管のそばに、純水が入っただけの、もう一つの試験管を配置しました。つまり、実験台の上には、ウイルスDNA入りの試験管と、まったく水だけの試験管が並んで置かれたわけです。こうして、そのまま一八時

間を経過させました」（同博士）
その後、衝撃的な結果が博士を絶句させた。
「……純水の入った試験管からも同様のDNA電磁信号が検出されたのです。つまり、ウイルスDNA情報は、となりの試験管の水に『転写』されていた」（同）
博士は頭を抱えた。

■「水は情報を『転写』する」

写真8-2　リュック・モンタニエ博士

「……ありえない！　いったい何が起こったんだ？」
彼は、純水に〝転写〟されたDNA情報を精査して、愕然とする。
「……DNA情報は九八％の精度で、となりの試験管の水に〝転写〟されていました」

●なぜ？　モンタニエ博士驚愕

その〝転写〟精度は以下のようにして証明された。
「……この電磁信号を発する純水に、DNAを合成するのに必要な材料の四種類のヌクレオチドを入れたところ、なんとDNAが出現したのです。しかも、そのDNAは、もとのDNAと同じ一〇四個のヌクレオチド鎖から構成されており、ヌクレオチド配列も二個しか違いがなく、九八％もの高確率で一致していたのです」（同博士）
「……この理解不能な不可思議な現実……。これを、どう解釈したらいいのだろうか？　博士が困惑で頭を抱えたのもよくわかる。試験管の中にDNA情報が、〝空間〟を飛び越えて、となりの試験管の中の純水に『転写』された。それも九八%の正確さで……」(拙著『なぜ中国は認知症に「音響チェア」を導入したのか?』徳間書店)

モンタニエ博士は、困惑を隠しきれない。

「……となりの試験管の純水には、鋳型となるDNAがまったく存在しない。なのに、配列が一致するDNAが出現した! これは、まったく驚くべきことです」(同博士)

水は磁性体、磁気メモリーとして記憶する

■「『液晶』が『記憶』『転写』する」

写真8-3　ジェラルド・ポラック博士

●「第四の相」液晶が謎を解く

三番目の登壇者は、ジェラルド・ポラック博士(ワシントン大学教授、生体医工学)。

博士は壇上の巨大スクリーンで映像を示しながら講演した。

「……水には、固体・液体・気体以外に、『第四の相』があります。それが〝液晶〟です。水に特定の物質を入れると、物質に接した部分から、水はどんどん液晶化し

ていきます」

巨大スクリーンには、液晶部分が広がっていく様子が映し出される。

「……この水の『液晶』部分が、水の〝記憶〟や〝生体反応〟を含め、さまざまな未知の現象をひもとくカギになります」(ポラック博士)

つまり、水の「第四の相」が、水の持つ〝記憶〟〝学習〟〝転写〟などのミステリーを解明する、という。

●磁性体の水は記憶・転写する

そこに介在しているのが、〝磁力〟だ。

つまり「水は磁気共鳴現象により〝学習〟〝記憶〟〝転写〟する」という。

ここまで言っても信用しない人がほとんどだろう。

「水は磁石に反応しない。だから水に磁性なんかあるはずない」

これが先入観のおそろしさ。現代科学は、すでに水に磁性があることを立証している。

強力な電磁石を水表面にもっていくと、水表面は引かれて盛り上がる。

さらに、磁石の極を換えると、水表面は凹《へこ》む。

水自体が磁性体なら、磁気テープのように、外部〝情報〟を〝学習〟〝記憶〟し、さらに外部の水に〝転写〟することも可能となる。

モンタニエ博士を驚かせたように、近くに置かれた試験管の水に〝情報〟が〝転写〟されたのは、水が〝記憶〟した〝情報〟が磁気情報だったからだ。

常に発信される〝磁気波動〟を、となりの試験管の純水が〝受信〟したのだ。

これは、スマホとスマホを近付けて〝情報〟を共有するのと同じだ。

水の映像記憶は、二万キロでも一瞬で飛ぶ!?

●〝第四の相〟は水ではない？

ポラック博士の「第四の相」理論に傾倒しているのが宇治橋泰二氏（前出）。

「……ポラック博士の観察により、親水性の物質に触れているところから○・一ミリくらいの範囲の懸濁液だったはずの水から粒子が排除されて、純粋に水だけの層ができることがわかりました。そして、この層では、水の分子がハニカム構造、すなわち六角形に連なる独特な構造となっていました」

「さらに、この構造ができるにあたって、水の分子構造が変化し、ふつうの水の分子（H_2O）ではなく、独特な構造（H_3O_2）となっていたのです。これにより、六角形のハニカム構造の部分では、電子一個だけマイナスの電荷をもつことになります。この特殊な構造の部分について、ポラック博士は、〝第四の相〟だとしているのです」（宇治橋氏）

つまり〝第四の相〟の水は、もはやふつうの水とはまったく違った〝物質〟に変化している。

そこに「水の〝知性〟の謎を解くカギがある」と、ポラック博士は断言している。

しかし、その〝カギ〟の全容は、いまだわかっていない。

●水は映像記憶を持っている

水の〝第四の相〟――「液晶」で、われわれは真っ先に液晶テレビを思い浮かべる。
「……液体のような流動性と、結晶のような異方性を兼ね備えた物質である。一部の液晶は、電圧を印加すると分子の向きが変化し、それによって光学特性が変化する性質を持つものがある。この性質を応用した液晶ディスプレイなどの製品が広く普及している」（ウィキペディア）
液晶ディスプレイには、4Kどころか8Kの精彩画像が映しだされる。
これは、液晶体の膨大な記憶容量を暗示しているとも考えられる。
ホメオパシーや水の構造の研究者であるラスタム・ロイ博士は断言する。
「……『水はフォトグラフィックメモリ（映像記憶）』を持っている。二万キロメートルほども離れたところからでさえ、水に対して極めて微細なエネルギーを使って、情報を刻印することができる」（ペンシルバニア州立大学名誉教授）
この奇跡と思える現象を解明するには、「量子力学」の「テレポーテーション理論」が不可欠なのはいうまでもない。

流水は8の字の〝メビウス運動〟で活性化する

●人体の体の七割は水である

水の特性をまとめる。

①球体を作りたがる（水滴が典型。果実は皆丸い）
②活力で曲りたがる（うねり、らせん運動をする）
③命を育み構成する（岩石すら遺伝子情報による）
④生体内では液晶化（超微弱磁気により能力発揮）

増川博士も「水は8の字に曲る〝メビウス運動〟が大好き」という。まさに、水は「曲りたがっている」。

博士は強調する。「〝メビウス〟は宇宙エネルギーの運動なのです。そんな水を飲んだら、生命が活性化します。ネコも、一回飲んだらもう他の水は飲まない」

博士は、水が〝メビウス運動〟をして流れ落ちる装置〝フローファーム〟（写真8－4）も開発している。水はメビウス運動をくりかえしながら、滝のように次から次の器へと流れ落ちる。

■水は曲がるほど活性化する！

写真 8-4　フローファームとタヌキ

山梨の増川博士の自宅にある〝フローファーム〟には、野生のタヌキが毎日のように水を飲みに来るようになった。野生動物を引きつけるほど、水が8の字水流でエネルギーをもった活性水に変わったのだ。

寝室に小型〝フローファーム〟装置を置くと、その〝せせらぎ音〟で、安眠熟睡できるという。これが、ピタゴラスのいう〝自然音〟の癒しだ。

●川の上流に〝メビウス装置〟を！

福村一郎氏（前出）も、その効果に注目する。

「……川の上流に〝フローファーム〟を備え付けると、まちがいなく、川の水はエネルギーを持ちます。（以前は）川の水が上流から、〝メビウス運動〟をやりながら流れてきた。これは、生命エネルギーを多く含んでいる水です。だから、海に注ぎ込むと海藻がものすごく生えた。すると小魚が棲み家にする。だから、他の魚も寄ってくる。これが古来の海の性質だった。ところが、近年になって、川をみんなコンクリートなどで真っ直ぐにしちゃった。コンクリートはエネルギーがない。藻も嫌う。すると河口に藻が生えなくなった。ほんらい曲る性質のある水をストレートにしちゃった。だから上流から流れて来るのも速い」

これは河川土木の専門家も初耳、コロンブスの卵だろう。

日本の治山治水も、これら自然の摂理にしたがった工法に回帰すべきだ。

「……川をもう一度曲がりくねらせることはできないから、上流のほうに大きなメビウス運動をする施設を何か所かにセットする。そうすると、水のエネルギーが高くなる」（福村氏）

そうすれば、河口から海にかけて、魚や海藻など海産物は、かつてのように湧くように獲れるようになるはずだ。

「考える」のは〝脳〟か〝水〟か〝量子波〟か？

●ソマチッドにも〝意識〟あり

「……私たちのからだの中の水分は、細胞から発せられる超微弱磁気によってつくられた液晶構造から成っています。球体に近い、サッカーボール状になるのが理想といわれ、この結晶がきれいであればあるほど、水の持つ〝メモリー機能〟〝伝達機能〟が円滑に営まれる、といわれています。あらゆる細胞、皮膚、神経、臓器、骨細胞の一つ一つにも水分はたっぷり含まれていて、これら能力が生かされています」（「CAMPFIRE」）

水のないところに生命は存在しない。

例外は超微小生命体ソマチッドのみだ。それは、鉱物内で眠りにつく。

殻にくるまると、いかなる過酷環境でも生き抜く。

「人体の約七割は水である」と言われる。脳細胞もほとんど〝水〟である。

そして、その水は〝記憶〟〝学習〟〝意志〟を持つ。

なら、われわれの〝記憶〟〝学習〟〝意志〟のベースは、〝脳〟ではなく〝水〟そのものではないのか？

そんな疑問すら沸いてくる。

〝脳〟の神経ネットワークは、その表面上の情報処理を担っているだけではないのか？

これまで述べてきたように、人間の〝記憶〟など知的活動には、脳細胞だけでなくソマチッド、水なども深く関与している。量子論では、〝意識〟は量子波エネルギーである。

……脳細胞、ソマチッド、水……は、その量子波の変化を、各々媒介するにすぎないのか？

興味と疑問は、深まるばかりだ。

「ありがとう」「ばかやろう」に水は反応

●きれいな結晶、醜い結晶

水は〝感情〟を持っている。

世界にさきがけて、その驚愕事実を証明した日本人がいる。江本勝氏（一九四三〜二〇一四）。

■「あとがとう」きれいな結晶、「ばかやろう」でグチャグチャ

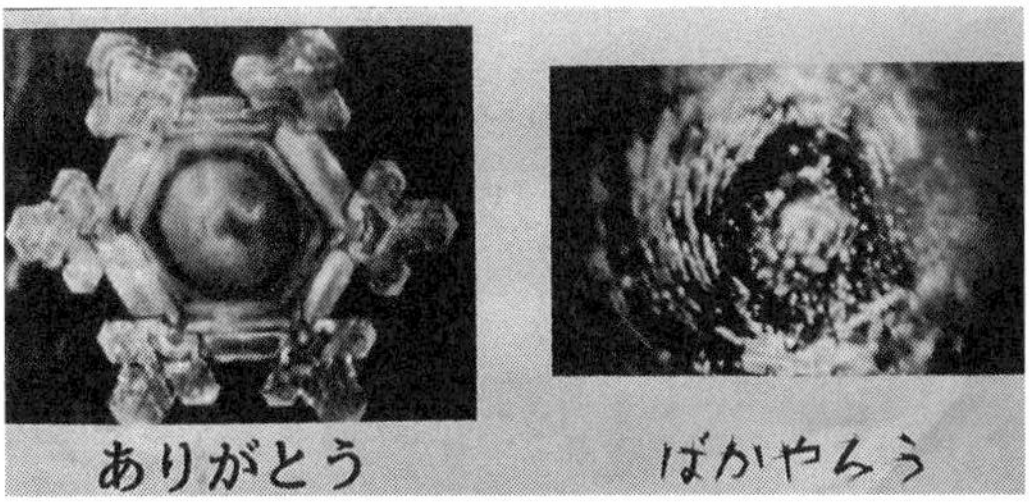

写真 8-6　水に言葉をかけると結晶が変化

写真 8-5　江本勝氏

■「ばかやろう」ミカンは腐る。「ありがとう」ミカンはきれい

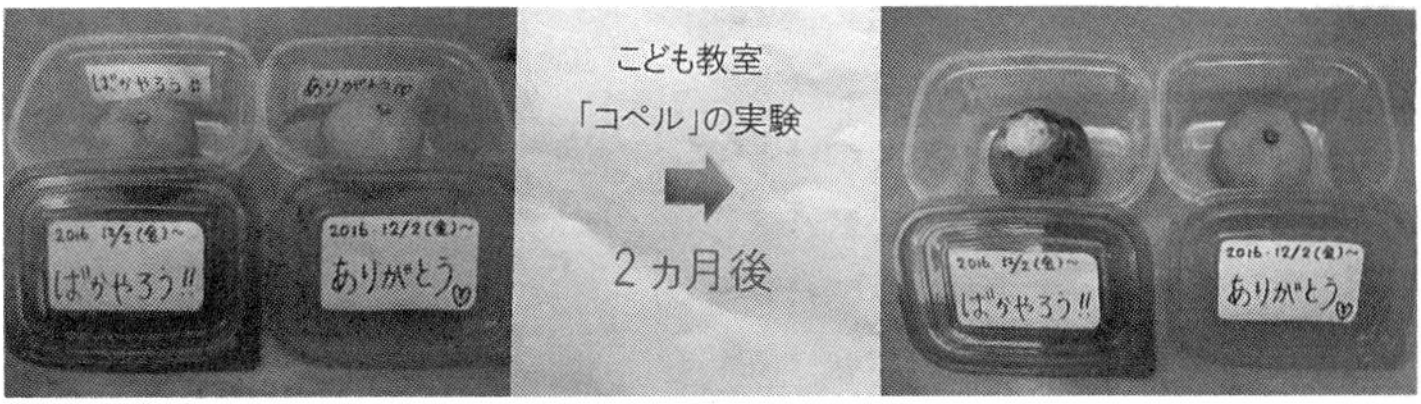

写真 8-7

彼は二種類の水に、各々「ありがとう」「ばかやろう」と、異なった言葉を話しかけてみた。そして、これらの水を凍らせ、氷の結晶を創らせて顕微鏡で観察してた。

すると、「ありがとう」の声をかけた水は、きれいに六角形の結晶をつくっていた。しかし「ばかやろう」と怒鳴られた水は、結晶ができず醜い塊となっていた（写真8−6）。

子どもたちが行った実験もショッキング。「ばかやろう」と声をかけられたミカンは、二か月後にはカビてしまった。しかし、「ありがとう」と声をかけられたミカンに変化はない（写真8−7）。

水は想像以上にデリケートだ。

じつにナイーブな〝感情〟をもっていることがよくわかる。

これら実験結果をまとめた写真集『水からの伝言』(波動教育社)は、日英二か国で出版された。続いて『水は答えを知っている』(サンマーク文庫)などの著書は、八〇か国で四五以上の言語に翻訳され、三五〇万部を超える世界的ベストセラーとなっている。

まさに江本氏こそ、「波動」研究のパイオニアの名にふさわしい。

第９章　「波動医学」は身近にあり！　感謝、断食、長息、笑い

――医者に頼るな、クスリは飲むな。セルフヒーリングこそ王道

「人には一〇〇人の〝名医〟がいる」（医聖ヒポクラテス）

●「自然治癒力」にもどれ！

医聖ヒポクラテスは、「人間は生まれながらに、一〇〇人の名医をもっている」という名言を残している。それは、いわずと知れた自然治癒力のことである。

人間だけでなく、あらゆる生命体には、自然に治る力が備わっている。

そして、医聖はこう戒めている。

「……われわれ医者が行うべきは、それら〝名医〟の手助けに他ならない。けっして、〝名医〟（自然治癒力）を妨《さまた》げてはならない」

これを聞いた医者は、うつむくしかないだろう。

現代の医師たちは、医師になりたてのとき「医聖ヒポクラテスの誓い」を唱えるそうだ。

オイオイ、本当かい⁉ 思わず、声が出てしまう。

それは「ヒポクラテスの誓い」ではなく〝ヒポクラテスの破壊〟だろう。

医聖は「自然治癒力の邪魔をしてはならない」と、繰り返し、厳しく戒めている。

しかし、現代医学が行ってきたこと。それはまさに自然治癒力の黙殺、圧殺、破壊であった。

現代医学が近代から現代にかけて、悪魔勢力に完全支配されてきたからだ。

●医療の目的は〝大量殺戮〟だ

ロバート・メンデルソン博士——。

この良心の医師の叫びと嘆きは、現代医療の赤裸々な姿を満天下にさらしている。

「……医療で評価できるのは一割の救命医療のみ。残り九割は慢性病に無力で悪化させ死なせている」「医療の九割が地上から消え失せれば人類はまちがいなく健康になれる」

わたしは博士の遺志を継ぐ。だから、この警句を幾度《いく》となく繰り返す。

現代医療の九割が有害無益。それどころか大量殺人装置と化している。

医療の九割が消え失せれば、人々は健康で、幸福で、長寿を満喫できる。

なんと、すばらしいことだろう。日本の医療費は約五〇兆円だ。だから四五兆円は〝殺人予算〟として使われている。それを、福祉、教育、文化、環境などにふり当てる。

そうすれば、日本はどんなにすばらしい国に生まれ変わることだろう。

思い描くだけで、わくわくしてくる。
かんたんだ。緊急救命医療のみを残し、あとは全廃すればいい。ただそれだけだ。
はやくいえば、全国の病院を閉鎖する。緊急医療施設だけ残す。
すると、だれもが健康になれる。

人類の死亡原因一位は〝医者〟である

●病院ストで死亡率が半減

証拠もある。メンデルソン博士は一九七〇年代、イスラエルの例をあげる。
全土で病院がストライキをした。すると、不可思議な〝副作用〟が発生した。
イスラエル全土で死亡率が半減したのだ（「エルサレム埋葬協会」調べ）。
ストは一か月ほど続いた。その間、死亡率は半減したままだった。
そして、全土で病院が再開されると、死亡率は〝元にもどった〟……。
つまり、同国の国民の半分は、病院で〝殺されていた〟……。
「病院はストを続けるべきだ。永遠に……」（メンデルソン博士）
それは、小学生どころかヨチヨチ歩きの幼児ですらわかる。
病院が国民の半分を〝殺している〟。なら、病院を閉鎖すればよい。

そうすれば、国民の半分は〝殺されず〟にすむ。

しかし、幼児でもわかるリクツが、わからない大人が多すぎる。

「病院は病気を治すところ」「クスリは病気を治してくれる」

こう信じ込んでいる。いや、信じ込まされている。これを〝洗脳〟という。

アメリカの例をあげる。死因の一位は〝医原病〟で七八万人。二位は心臓病七〇万人……（ベンジャミン・フルフォード『人殺し医療』KKベストセラーズ）。

世界の医療は、〝死神〟の西洋医学に支配されている。

だから、人類の死因一位は〝医者〟なのだ。

●人口を五億人に減らす

医療の目的は病気を〝治す〟ことではない。病気を〝悪く〟することなのだ。

近代から現代にかけて、地球を支配してきた〝闇の勢力〟が存在する。

彼らは、公然と人類を〝ゴイム（獣）〟と呼んできた。

こういうと「ああ、陰謀論ね」と、笑ったり、耳をふさぐ人がいる。

もう、そういう人は相手にしない。

〝死神〟が支配する医学を信じ、〝死の教会〟で殺されればよろしい。苦悶のなかで「だまされた……」と悔やんでも、同情はしない。

あなたが選んだのだから……。

〝闇の勢力〟は、地球の人口を五億人にまで削減する……と公言してきた。

一九八〇年、米ジョージア州の丘に建立した石碑に、そう〝宣言〟している（ジョージア・ガイドストーン）。

現在、地球人口は約八〇億人。だから、九割以上を〝削減〟する必要がある。

人類の九割以上を〝削減〟する。〝やつら〟は、本気で考えている。

だから殺人ワクチンを打ちまくり、猛毒抗ガン剤で毎年三〇万人を〝殺している〟。

〝やつら〟を頂点で操るのは人間でない。悪魔である。悪魔（ルシファー）が支配するピラミッド構造。それが〝闇の勢力〟の正体だ。

悪魔たちは、そのための準備も怠らない。

「戦争」「医療」の目的は〝人口削減〟と〝巨大利益〟

●〝人殺し〟と〝金儲け〟

〝人口削減〟のため熱心に計画し、実行してきたのが戦争だ。戦争には二つの目的がある。

〝人口削減〟と〝巨大利益〟だ。わかりやすくいえば〝人殺し〟と〝金儲け〟。

同じ目的を持っているのが医療だ。医療の目的も〝人殺し〟と〝金儲け〟なのだ。

ただし、医者や看護師は「殺そう」と思って勤務しているわけではない。

かれらは、本心から患者を治したい、救いたい、そう思っている。

しかし、かれらが頑張れば頑張るほど、患者は苦しみながら死んでいく。

病院関係者もまた巧妙に〝洗脳〟されているのだ。かれらが大学医学部で学ぶウイルヒョウ医学こそ、〝死神〟の医学なのだ（参照拙著『世界をだました5人の学者』ヒカルランド）。

●世界大戦まで自由自在

ここまで言っても、耳をふさぎたくなる人もいるだろう。

それは、自分が聞いてきたこと、知ってることと、真逆だからだ。

「政府はそんなこと言ってないよ」「NHKも一言も言ってない」「朝日新聞には一行も書いてない！」

あたりまえだ。国家も、マスコミも、とっくの昔に乗っ取られている。

政府、テレビ、新聞を裏から完全支配しているのが〝闇勢力〟なのだ。

だから、政府を信じるな。テレビを見るな。新聞を取るな。

人類は、これまで何度となくだまされてきた。

第一次、第二次世界大戦は、〝闇の勢力〟が計画し、実行に移したものだ。

〝やつら〟は、世界大戦まで自由自在に起こすほど強大な力をもっている。

だから果てしなくくりかえされる戦争も、すべて〝やつら〟が計画し実行に移してきたのだ。

そして、〝やつら〟は第三次世界大戦を本気で起こそうとしている。

悪魔支配の「現代医療」大崩壊が始まった……

●「現代医学」から「波動医学」へ

「戦争」だけでなく「医療」も、あなたを〝殺す〟ために存在している。

だから、病院に行ってはいけない。クスリは飲んではいけない。

これからは、第二の道を歩んでほしい。それは、健康と幸福と希望に満ちた生き方だ。

本書のタイトルは『奇跡を起こす「波動医学」』だ。「波動医学」こそ、第二の道なのだ。

〝闇勢力〟ロックフェラー一族が独占支配してきた現代医療……。

その利権構造の瓦解が始まった。具体的には薬物療法の崩壊だ。

薬物療法の正体は、患者を殺す殺人医療だった。

それに対して「波動医学」は、クスリは一切用いない。手術とも無縁だ。

痛みもない。副作用もない。瞬時に診断し、瞬時に治療する。

「現代医療」が大崩壊し、「波動医療」に向かうのはとうぜんだ。

●〝毒〟＋〝毒〟で〝体毒〟は倍

万病は〝体毒〟から生じる。治すには〝毒〟を排する。これが、治療の根幹だ。

だから断食は万病を治す。インプット（食事）を断てば、あとはアウトプット（排毒）のみ。

身体はクリーンになり、病気も消えていく。

だから――**断食は万病を治す妙法**――なのだ。

本来、薬は〝毒〟である。それは医師も認めている。患者は〝体毒〟で病気になったのだ。

そこに〝薬毒〟を加える。これが薬物療法である。

〝毒〟＋〝毒〟で〝体毒〟は二倍になる。これで病気が治るわけがない。病気は二倍ひどくなる。

こんなかんたんなリクツが、大学医学部のエライ先生たちは、百万回言っても理解できない。

これを、古来から〝石頭〟と呼ぶ。

もはや手のほどこしようがない。そんな医者の病院に行って、助かるはずはない。

そして、棺桶に入って無言の帰宅をすることになる。

あなたは、そんな最期を迎えたいのですか……？

まずは実行！　五つのセルフヒーリング

●「人に頼るな、己に頼れ」

わたしは「5つのセルフヒーリング」を広めている。

小冊子は、隠れたベストセラーとなっている（写真9-1）。

「いつでも」「どこでも」「だれでも」できる。それが、ほんらいの〝癒し〟だ。

よく聞かれる。「いいお医者さんは？」「いいクスリは？」「いい治療法を！」

こういう方は、なかなか治らない。

それは、人やクスリや治療に頼っているからだ。「自分で治そう」と思っていない。

「他人に治してもらおう」と思っている。

冒頭に書いた古代ギリシャの医聖ヒポクラテスの言葉を、心に刻んでほしい。

人は生まれたときから、体内に一〇〇人もの名医（自然治癒力）を持っている。

■いつでも、どこでも、だれでも出来る！

写真9-1　冊子『5つのセルフ・ヒーリング　基本編』

まずは、その一〇〇人の名医に頼りなさい。その治癒を信じなさい。

「人に頼るな、己に頼れ」

その思いでまとめたのが、『5つのセルフヒーリング』なのです。

野生の動物たちをごらんなさい。かれらは医者にも病院にも頼らず生きています。

そして、かれらには、ガンも糖尿病もう

つ病もない……。

優美で、躍動的に美しく生きている。その生き方の叡智《えいち》を、見習おうではありませんか。

●少食、菜食、長息、筋トレ、笑い

では――。『5つのセルフヒーリング』の実践です。

①少食：最大の栄養は〝空腹〟である

万病の元は〝体毒〟です。その最大の原因が過食です。

ヨガの教えにあります。

「腹八分で医者いらず」「腹六分で老いを忘れる」「腹四分で神に近づく」「食べる工夫でなく、食べない工夫をせよ」「空腹を楽しめ」「空腹で絶好調！　が真の健康体だ」

「一生の間に食べる量は決まっている」。だから、大飯食らいは〝食い納め〟が早く来る。

「食べる量を二分の一にすると、寿命は二倍に伸びる」

それを証明した実験がある。マウスのエサを六割にしたら寿命は二倍にのびた。三分の一にしたら、三倍生きる可能性すらある（ヨガ行者は一五〇歳以上も！）。

最近、ようやく医学界でも〝空腹〟の効用が認められ始めている。

「最大の栄養は〝空腹感〟」なのだ。わたしは自宅では、朝昼食べない。一日一食。だから、七三歳なのに髪は黒々つやつや。白髪やハゲとも無縁だ。

「病院を無くしたら、病気のときどこに行ったらいいのですか？」と聞かれる。

「食うな」「動くな」「寝てろ」。野生動物はファスティングで治している。これで万病は治る。

『３日食べなきゃ、７割治る！』（ビジネス社）を読みなさい。

さらに、少食者が若々しいのは長寿遺伝子がオンになっているからだ。

「空腹感でスイッチが入り、若返る」（レオナルド・ガレンテ博士）

「断食はガンと戦うベストの方法だ」（『ＴＩＭＥ』誌）

②菜食：医療費の八割がいらなくなる

人間はもともと菜食動物です。①歯並び、②唾液ｐＨ、③消化器の長さが証明しています。

だから、不自然な動物食は老化を加速します。アメリカ人は人類平均の三倍肉を食べています。

そして、日系三世の大腸ガン死亡率は母国日本の五倍。米国人の心臓病死はヴィーガン（完全菜食者）の八倍。週に六回以上肉を食べる人の糖尿病死は三・八倍です。

「動物たんぱくは史上最凶の発ガン物質」「菜食シフトで医療費八割が不要となる」（コリン・キャンベル博士）

「菜食シフトで心筋梗塞の元凶、冠状動脈に溜まった〝脂汚れ〟はツルツルに消えて無くなる。

一一万ドル（一六〇〇万円）のバイパス手術も要らない」（エセルシュタイン博士）

わたしは自宅では完全ヴィーガンです。肉、魚、卵、乳製品……いっさい口にしない。

だけど、仕事などでのお付き合いでは普通の食事です。

だからガチガチに考える必要もありません。

肉など動物食を週一にするだけで、体調は劇的によくなります。

できるところから、気楽に菜食シフトすればよいのです。

③長息：毛細血管が開き、血流がみるみる改善

万病は、血流阻害から起こります。

人間の血管の九五％が毛細血管。地球を二周半するほどの長さという。

これら血管は、交感神経が緊張すると収縮する。すると血流不全が起こる。

末端細胞に酸素や栄養が届かなくなる。すると、炎症、ガン、多臓器不全、壊死……などが起こります。細胞は酸素欠乏で一〇〇％ガン化します。

だから、最適のガン予防は血流促進なのです。

腹式の長息法（ロングブレス）を実践すると、すぐに血管が拡張します。

やりかたは、かんたんです。目を閉じて、吐く息を心の中でゆっくり一〇まで数えましょう。

ただ、それだけ……。なんと、かんたんなことでしょう。

すぐに、両手の指先までポカポカしてくるのを感じるはずです。

血管が広がり、血流が改善しているのです。肩こり、冷え性は一発で治ります。悩みの白髪も、黒髪がしだいに増えてくるでしょう。白髪の原因は毛根細胞の酸欠だからです。

ペンタゴン（米国防総省）も、ＮＡＳＡ（米航空宇宙局）も、スタンフォード大学（心理学科）も、この長息法（ロングブレス）を採用しています。

そして能力向上に劇的な効果をあげているのです。

あなたも、この長息法を毎日の習慣にしましょう。

④筋トレ：筋肉から若返りホルモンが出る

「筋肉は退化するが老化しない」「筋肉は裏切らない」「貯金より貯筋！」「運動はガンを三分の二防ぐ」「筋トレするほど若返る」「年をとっても、ちぢまない」「筋力は骨力」

今、世界中で筋トレが大ブームです。人類は、筋肉の大切さに気づいたからです。

筋肉を鍛えたり、使ったりする。すると筋肉から活性ホルモン（マイオカイン）が分泌されます。これには、若返り効果があります。ハリウッド俳優シルベスター・スタローンは七七歳。なのに、あれほど若々しい。それは、筋肉を鍛えているからです。

トム・クルーズは六一歳。あれほどの若さは奇跡です。

彼は二〇代から完全ヴィーガン。加えて、たゆまぬ筋トレで体をつくっています。

だれでも、いつでも、どこでもできる。そんな筋トレが〝アイソメトリクス〟です。

「筋肉は最大負荷の八〇%以上の力を五秒以上加えると、急速に発達する」

このことが、運動生理学で立証されています。だから、鍛えたい筋肉を意識する。

五秒以上、思いっきり力をこめます。それでオシマイ……。

世界で、もっともかんたんな筋肉トレーニングです。

その他、革ベルト加圧筋トレ。幅広の革ベルトで腹を思い切り締める。すると、反発力で内部の筋肉（インナーマッスル）が微細振動する。これも立派な筋肉運動。〝アイソメトリクス〟に慣れると、身体のどこの筋肉でも、ピンポイントで鍛えられるようになります。

腰痛などは腹筋、臀筋《でんきん》など腰回りの筋肉を〝アイソメトリクス〟で鍛えるだけで治ります。その時、お尻をしめるのが秘訣です。

⑤笑い：笑わないと死亡率二倍、認知症リスク三・六倍

「笑いは百薬の長」です。笑わないお年寄りの死亡率は二倍、心臓病で一・六倍、認知症リスクも三・六倍。ただ「笑う」か「笑わない」かで、この大差……。

だから不機嫌な毎日ではなく、陽気で明るい毎日を過ごしましょう。

笑わない（笑えない）人生は〝地獄〟です。

ところが、日本人は「年を取るほど笑わなく」なっています。

それでいて、アルツハイマーは一五年で一八倍に増えている。二人に一人がガンになり、その

うち三人に一人が死ぬ、という（厚労省）。糖尿病は予備軍を含めて六人に一人。

これら病気で命を落とさず、生き抜くには、まず「笑う」こと。

その意味で「笑い」は、サバイバル術でもある。

笑いの効用は、あげていたらキリがない。落語を聞いて「笑う」と、ガンと戦うＮＫ細胞が六倍に増えている。アトピー治療も笑うと九割治る。ぜんそく、リウマチ、糖尿病、花粉症も笑いで劇的に治癒する（参照、拙著『新版　笑いの免疫学』共栄書房）。

〝感謝パワー〟は、人生を最強にする

●感謝：相手に安心、あなたに安定を与える

われわれの〝心〟も波動である。では、最強パワーを発揮する〝心〟とは、なんだろう？

それは、感謝の〝心〟である。感謝の波動には、不思議な力が秘められている。

それは、まずあらゆる〝苦しみ〟をうち消してくれる。〝不安〟も〝恐怖〟も消える。

そのためには、ただ「ありがとう」と感謝するだけでよい。

嫌なことがあったら感謝しよう。嫌な人に会ったら感謝しよう。

「ありがとう」。ただそれだけで、不快ホルモン〝コルチゾール〟、恐怖ホルモン〝アドレナリン〟分泌は抑制され、かわりに、理性ホルモン〝セロトニン〟などが分泌され、心は落ち着いて

くる。

さらに感謝すれば、愛のホルモン〝オキシトシン〟なども湧いてくる。

このように感謝の波動は、相手に安心を与え、あなたに安定を与える。

それは、どんな危機でもたじろがない、強い精神力を与えてくれる。

つまり〝感謝パワー〟は、あなたの人生を最強にするのだ。

●遊び：感動ホルモン〝ドーパミン〟出まくり

「遊びせんとや生まれけむ」。人間は、生まれ持った遺伝子の一％しか使っていない。残り九九％はスイッチも入っていない。そして、あの世に旅立つ。これは、もったいない。

どんな才能が出現するか？　二番目のＤＮＡにスイッチを入れてみよう。

天才とは、天が与えてくれた才能。それはＤＮＡの中に潜んでいる。

ＤＮＡの扉を次々に開けるのは、あなたの〝遊び心〟だ。

それは、なんでも「面白がる」精神だ。好奇心、行動力……。

なんでもやってみる精神こそ、遊びの精神といえる。

たとえば、絵を描く。すると、「ダメダメ、わたし下手だから」と手をふる。

しかし、大画伯として尊敬を集めていた熊谷守一氏は、「下手な絵は先がある」と「上手い絵」より評価していた。

「上手」「下手」は、他人の評価。「自分が満足できた」作品は、〝傑作〟なのだ。

嘘だと思うなら、西洋絵画史に残るアンリ・ルソーの絵を鑑賞することをおすすめする。

あの大画家ピカソが絶句した。

「ルソーに負けた」「私には描けない」

そして、つぶやいた。

「どうしたら、あんなに下手に描けるのか？」

遊びと趣味と芸術に満たされた人生は、豊かです。

感動ホルモン〝ドーパミン〟が出まくり。愉快で興奮する人生が送れます。

さあ、やってみよう！

【付録】

本文でとりあげられなかった情報を記しておきたい。
みんな「波動医学」のチャレンジャーたちだ。

■**電子サウナ**：体の深部に電子波動を送り生命力を活性化

正式名称は「電子量子波温熱機」。略称は〝GW-001〟。

「温熱効能」は――

①「免疫力・自然治癒力アップ！」、②「元気な細胞を再生・修復させる」、③「悪玉活性酸素や不要代謝物（体毒）を除去」、④「固有臓器の周波数を共鳴により修復・調整」、⑤「体内水分子を振動させ深部温熱効果」、⑥「ミトコンドリア活性化」、⑦「光（波長）で血行改善、筋肉緊張の除去」、⑧「疼痛物質を排除、痛み緩和」、⑨「関節の凝りを改善」

さらに、累積効果として、以下があげられている（「製品説明」より）。

▼感染症DNA等の鎖を切断、ウイルス感染細胞を細胞死させる。
▼感染細胞内の腐敗H_2O大型クラスターを破壊する。
▼甲状腺など内分泌腺を刺激、ホルモン分泌を円滑にする。
▼血管・血球をマイナスイオン化し、血管上皮と血球の電子反発で血流を改善。
▼NK細胞、ヘルパーT細胞などの増殖を行い、一気に生体免疫を向上させる。

▼病原菌のクラスター・ゴブレット（膠質膜）を破壊し、ウイルスなど殺滅する。
▼脳軟化などの疾病に、脳波と合致する波動投射で脳波正常化、脳細胞を活性化。
▼自律神経の伝達促進し、筋肉を弛緩させ、器官を円滑化し、全身運動を活発化。
▼悩幹よりβエンドレフィン（モルヒネ二〇〇倍）分泌を促し、痛みを緩和する。

■**天香石**：火山マグマの微量元素を抱き抱えて誕生した変成岩
効能は――①「抗酸化作用」、②「細胞賦活作用」、③「消臭・分解作用」、④「活水化作用」、⑤「鮮度保持作用」、⑥「熟成作用」……。
▼温熱ビーズ風呂：砂風呂を天香石ビーズで置き換えた。わたしも三〇分体験。高熱ビーズから発する遠赤外線で身体の深部まで驚くほど温まる。
ガンは高温で死滅する。遠赤効果でガン細胞は弱まる。
「……これはガン患者に効果がある」と直感した。
また、身体の芯から大量の汗が出る。デトックス効果も半端ない。貴重な体験だった。
▼炭素温熱岩盤ドーム：これは岩盤浴だ。「岩盤やセラミックから発する伝導熱と違い、優しく皮膚を通して、全身細胞と共鳴して、芯から優しく強力に暖めることができます」（資料パンフレットより）
▼電磁波カットシート：「天香石は、自然の力で有害電磁波からあなたを守ります」（商品説明）

使い方「裏面をはがして、電気製品に貼るだけ。有害な電磁波を吸収し人体への影響をシャットアウト」(同)

■「波動」共鳴コットン：両手ポカポカ！　〝わた玉〟瞑想

商品名「布良」。〝波動〟に共鳴する不思議な綿である。

両手に収まる綿球を持つと、たしかに両手のひらに暖かさを感じる。

気功トレーニング方法に、両手を合わせるやり方がある。見えない〝ボール〟を両手が覆っていることをイメージする。すると、両手ではさんだ空間が暖かく感じられる。

〝気〟が集中しているそこに、意識を集中する。〝わた玉〟瞑想で、「気」の力をパワーアップできる。

「布良は、完全無農薬(遺伝子組み替えでない)コットンから生まれた布製品です。さらに、一般的なオーガニックコットンの布とは違った〝不思議な力〟を持っています。身に付けることによって、癒される製品になっています」(商品説明)

「ストール」「肌着」「ソックス」「毛布」「洗顔クロス」……など。

これら商品は当然、無漂白で、きなりの色合い。触ると、不思議なことに「波動共鳴コットンボール」に触れたときと同じ暖かさを感じる。

やはり、綿素材が宇宙の「波動」エネルギーと共鳴しているのだろうか？

「……自然の素材を損なわずに手すき、手織り、草木染めなどの手工程を経て作り上げられた布地である。洗剤、せっけんなどの助けを借りずに、汚れを落とし、汚水の元凶ともなる化学物質を生活の中から排除していく」「この自然素材を衣類として身にまとうことにより、人体の皮膚層を保護し、その保温効果により内部環境すなわち体内臓器機能のはたらきも活性化させる」(同)

■**長寿の宝**：多重の天然鉱石の波動が病を癒し、命を活性化

「健康・美容増進装置」。『長寿の宝』は日本製です。薬と注射は一切要らず、安心安全な有効使用ができ、簡単かつ便利です。アンチエイジングができ、免疫力アップおよび全身の自己回復力を高めることができます」(商品パンフレットより)

モデル名〝Q-BIT〟。その特徴は「『Q-BIT光量子エネルギー技術』を利用した、光量子物理分野に基づき、実現。注射は必要なく、クスリも飲まず、無苦痛が特徴の、非侵襲性の『第三世代の老化防止技術』です」(同)

▼構造：「〝Q-BITエネルギーチップ〟は、天然鉱石の多重層。太古より地球に存在するチタンやトルマリンなど数種類の天然鉱石を配合した特殊な鉱石層。金銀を配合した触媒層。さらに波長を最適に調整する色層。これら多重層から生み出される自然で超微弱な振動エネルギーを、特別に調合された漢方層(最下層)に伝えます。こうして、様々な鉱石層から影響を受けた光量

子が漢方層に到達することで、漢方の摂理であるツボを刺激することになります」(同)

光量子とは色(波長)と対応する分泌腺を解析し、それに応じた色(波長)を解明している。

▼原理:「光量子医学(量子デトックス)の原理は、光量子微粒子と量子波の形で、五臓六腑の細胞内部に入り、毎秒、数億回の高周波振動エネルギー波(Q-BIT光量子超微弱振動)が通過し、人体の細胞内で〝共振〟が発生し、エネルギーが相乗効果されて、五臓の〝毒素〟を迅速に剥がし、さらに生物の微小循環障害を修復。これは高性能微小循環検出器によって可視化することができる」(同要約)

■素粒水:水の〝記憶〟をリセットする

「……素粒水は二つの特許を活用して創られています。一つ目は、『素粒水』の〝タネ水〟を創る製法です。それは、(1)飲用可能な水、約二〇〇リットルをプラントの中に取り込みます。(2)次に所定の圧力を一定時間かけて水を圧縮します。(3)最後に圧力を外し、除圧します。すると、圧縮されていた反動で、水分子の潜在的運動能力(超振動)が引き出され、活発な分子運動が発生します。しかし、それは、一時的作用で、過去の〝記憶〟をたどって元の状態にもどり、運動能力は衰えます」(『素粒水の力』より)

なんとも不思議な操作だ。これは、水の〝記憶〟をリセットする工程だという。

「水が〝記憶〟する」ことを前提に、水に新たな加工を加えているのだ。

「……（2）加圧、（3）除圧の工程をくりかえすと、〝水の記憶〟がリセットされていきます。この工程を二四時間、反復することで、プラント内の水分子が、工程（3）が引き出される潜在的分子運動能力（超振動）を、（子どもが）九九を覚えるように〝記憶〟し、さらに、この特許製法によって、〝記憶〟レベルから〝記録〟へと発展した〝水〟『素粒水』のタネ水となります」（同）

「……二つ目の特許技術は、タネ水を物質に含有させる技術。繊維、プラスティック、金属など、あらゆる物質に〝結晶水〟としてタネ水を含有させる。すると、素材の物理（物理的性質）が、エネルギー化します。タネ水を物質に〝結晶水〟として含有させる技術を『活性加工』といいます」（同）

――これは、驚くべき水の加工法だ！

「……『活性加工』が実施された素材からは生体や物質、空間に対して、絶えず、その営みを正常化する素粒子レベルエネルギーと自然マイナスイオンが発生します。また『活性加工』素材に〝圧触〟した水は、瞬時に『素粒水』として生まれ変わります。磁性体物質である水分子は、磁気情報を〝記憶〟します。『素粒水』はタネ水同様に、過去の記憶がリセットされ、活発な運動能力（超振動）を磁気情報として〝記録〟し、生体や物質の酸化を抑制して、還元状態に導く『エネルギー水』として、人や地球の健康に貢献していきます」（同）

用途は――

▼無毒化：フグ猛毒も素粒水に漬ければ、発酵で無毒化される。
▼地球浄化：素粒水は水中の汚染物質を除去し劇的に浄化する。
▼電磁波対策：素粒水の磁気バランス安定が有害電磁波対策に。
▼抗酸化力：毒物は活性酸素作用を持つが素粒水はそれを防御。
▼トンネル効果：〝転写〟により素粒水は他の水にも干渉する。
▼防腐効果：さまざまな食材を腐らせず長期保存を可能にする。
▼治療効果：素粒水を飲用、湿布、浴用などで症状が快癒する。

（これら「波動療法」は情報として紹介するものです。その効用などを保証するものではありません。）

エピローグ　人類文明は新たな「宇宙文明」のステージに

――遺伝子操作で人類を創造したのはエイリアンである

惑星ニビルから飛来した宇宙人が人類を創った

●シュメール文明と宇宙人

二〇二二年、「量子力学」〝ヒモ理論〟のノーベル賞受賞――。

既成「医学」「科学」は、根底から粉砕された。

破壊されたのは、それだけではない。「宗教」も粉々になった。

それはどういう意味か？『旧約聖書』に次の記述がある。

「……神は自らに似せてアダムを創った」

この〝神〟とは、いった何者なのか？　結論は出ている。それはエイリアンなのだ。

人類史の謎の一つに、シュメール文明がある。約七〇〇〇年前に忽然とメソポタミア地方に出現した文明だ。かれらはすでに太陽系の構造も熟知していた。天王星、海王星……などの存在すら知っていた。

コロンブスがアメリカ大陸を〝発見〟したのは一四九二年だ。

それ以前は、地球が丸いということすら、知られていなかった。

明らかにシュメールの人々に太陽系など宇宙の知恵を授けた〝存在〟がある。

歴史家ゼカリア・シッチン氏は、シュメール文明を記録した粘土板の楔形文字を解読し、人類に知恵を授けた〝存在〟を知った。それは、惑星ニビルから飛来したエイリアンたちであった。

粘土板の記録では〝アヌンナキ〟と表記されていた。

かれらは、地球上の類人猿を遺伝子操作し、自らに似せて人類を創造した。

だから、『旧約聖書』の記述に合致する。

『旧約聖書』には、さらに「アダムの肋骨からイブを創った」とある。

これは、クローン技術を応用したものとみられる。

●「宗教」も「歴史」も粉砕

古代ユダヤ教は唯一神をヤハウェーと呼んでいる。そして、続くキリスト教ではゴッドである。イスラム教ではアッラーだ。いずれも唯一絶対神だ。それは、人格神でもある。

その〝神〟が人類を創造した、と聖典には記載されている。

ところがシュメール文明の記録では、地球に来訪してきたエイリアンが類人猿を遺伝子操作し、自らに似せて人類を創った、と記述されている。

明らかに〝神〟の正体はエイリアンである。

キリスト教やイスラム教などの原理主義者にとっては、とうてい受け入れがたいはずだ。

その驚愕は十二分に理解できる。

しかし、現実はある意味、冷酷である。心を静めて受け入れるしかない。

「量子力学」で粉砕されたのは、「宗教」だけではない。「歴史」も壊滅した。

これまで、人類の歴史学は、宇宙からの要素を一切排除してきた。

しかし、もはや宇宙からの外的な関与を抜きに、歴史はまったく語れない。

それこそが、「量子力学」における「ヒモ理論」の破壊力なのだ。

時空を越えて一瞬で「テレポーテーション」

●UFOで自在に飛来する

「ヒモ理論」が「宗教」「歴史」まで粉微塵《こなみじん》にした。その理由を語ろう。

これまで、学者たちはＵＦＯと聞けば冷笑してきた。宇宙人と聞いただけで嘲笑を漏らした。

「都市伝説ですね」「陰謀論も困ったもんだ」

それも無理はなかった。

「太陽に一番近い恒星でも四光年以上も遠くにある。光の速度でも往復八年かかる。いったい、銀河の彼方からエイリアンがどうやって来るの？」

これにはＵＦＯや宇宙人を信じる人たちも、答えに窮した。

しかし、本書で述べたように、「量子力学」が既成学者の冷笑を打ち砕いたのだ。

それだけ、この最新科学の破壊力は凄まじい。

①「ヒモ理論」、②「重ね合わせ」、③「テレポーテーション」。

この三大理論は、既成「科学」から「歴史」まで、完膚無きまでに粉砕してしまった。

これらは、銀河の彼方から宇宙人がやって来る理由を解明しているからだ。

それが「テレポーテーション」技術だ。

「ヒモ理論」は、一億光年彼方でも一瞬で、「存在」（量子波）が〝飛ぶ〟ことを証明している。

つまり、惑星間の瞬間移動は可能なのだ。

エイリアンたちはこの時空トラベル技術で、ＵＦＯに乗り、自在に飛来していたのだ。

そのうえ、人類はすでに火星に行っていた。決定的な証言や証拠がある（１０９ページ）。

人類文明は「宇宙文明」の新たなステージへ

●二〇二三年はターニングポイント

二〇二三年、宇宙に関しても隠されてきた情報が次々に噴出してきた。

もはや、だれにもとめられない。

「空軍パイロットは多種多様なUFOを目撃している」（空軍将校の公聴会の証言）
「UFOとの戦闘で一〇〇名以上の米兵が死亡」（タッカー・カールソン動画配信）
「米政府はUFOと宇宙人を極秘回収していた」（グラシェ元情報将校の議会証言）
「九m墜落UFO内はサッカー場の広さだった！」（UFO等回収職員の内部告発）

五〇年ぶりにアメリカ政府はUFO公聴会を再開、招集している。

ペンタゴン（米国防総省）は、それまでの「UFOは存在しない」というかたくなな姿勢から一転、「UFOは存在する」と公認、映像まで公開に踏み切った。

加えてノーベル物理学賞で、ノーベル委員会は「量子もつれ」理論は正しいことを公認した。

もはや〝闇の勢力〟も、「これ以上隠しきれない」と判断したのだ。

●すべての学問はリセットされる

もはや、「都市伝説」「陰謀論」のレッテル貼りでは、逃げきれない。隠しきれない。
「歴史」「宗教」「科学」「医学」「物理学」……すべての学問は、根底から覆《くつがえ》った。
こうなると、旧体制の利権にしがみつくのは醜悪だ。必死の誹謗中傷もまた醜態だ。
その激変は驚天動地どころではない。まさに、二一世紀、空前の〝地動説〟だ。
われわれは、この大激変を受け入れるしかない。
顔を背け、背を向ける人々は、過去の歴史の闇に落ち零《こぼ》れていく……。
我々は虚心坦懐《きょしんたんかい》に、心を白紙にして、この真実を受け止めるほか道はない。
過去約七〇〇〇年の人類文明は、終焉を迎えた。
われわれは、新たな「宇宙文明」の入り口に立っている。
なにが起ころうと、一歩を踏み出し、前に進むしかない。
それは、興奮と希望に満ちた、未知への旅立ちでもある。
恐れる必要はない。
顔をあげて、彼方の〝光〟を見つめて進もう！

〈主な参考文献〉

『ウォーター・サウンド・イメージ』（アレクサンダー・ラウターヴァッサー著、増川いづみ監訳、ヒカルランド）
『ソマチット　地球を再生する不死の生命体』（福村一郎著、ビオマガジン）
『医療殺戮』（ユースタス・マリンズ著、天童竺丸訳、ヒカルランド）
『量子論のすべてがわかる本』（科学雑学研究倶楽部編、ワン・パブリッシング）
『量子力学で生命の謎を解く』（ジム・アル＝カリーリ／ジョンジョー・マクファデン著、水谷淳訳、SBクリエイティブ）
『もうわかっている！　ソマチッドがよろこびはじける秘密の周波数』（宇治橋泰二著、ヒカルランド）
『病気を自分で治せる「気」のパワー』（丁治紅著、三笠書房）
『NASAも隠しきれない異星文明の巨大証拠群』（コンノケンイチ他著、徳間書店）
『CMC［カーボンマイクロコイル］のすべて』（元島栖二著、ヒカルランド）
『今知っておくべき重大なはかりごと①～④』（デーヴィッド・アイク著、本多繁邦訳、ヒカルランド）
『日米地位協定の考え方　増補版』（琉球新報社編、高文研）
『ヴィーガン革命』（船瀬俊介著、ビオマガジン）
『略奪者のロジック』（響堂雪乃著、三五館）

『崩壊する新聞』(黒藪哲哉著、花伝社)
『知られざる世界権力の仕組み(上・下)』(ユースタス・マリンズ著、天童竺丸訳、成甲書房)
『未来の扉を開く鉱石が導く新時代』(高木利誌著、明窓出版)
『奇跡を起こす【キントン海水療法】のすべて』(木村一相著、ヒカルランド)
『「マイナス水素イオン」の効力』(若山利文著、日新報道)
『パウル・シュミットのドイツ波動健康法』(ヴィンフリート・ジモン著、ビオマガジン)
『νG7量子水』(早川和宏著、ヒカルランド)
『世界の諜報機関FILE』(国際情報研究倶楽部編、Gakken)
『夢判断(上)』(フロイト著、高橋義孝訳、新潮文庫)
『手かざしのすすめ』(関口勝利著、陽光社)
『地上最強の量子波&断食ヒーリング』(小林健/森美智代/船瀬俊介著、ヒカルランド)
『AWGは魔術か、医術か?』(俊成正樹著、五月書房新社)
『宝石のエネルギー』(岡本憲将著、講談社)
『ホメオパシー的信仰』(由井寅子著、ホメオパシー出版)
『水は知的生命体である』(増川いづみ他著、風雲舎)
『快適!マイナスイオン生活のすすめ』(菅原明子著、PHP研究所)
『世界の衝撃的な真実　闇側の狂気』(佐野美代子著、ヒカルランド)

〈主な参考文献〉

『世界の衝撃的な真実　光側の希望』（佐野美代子著、ヒカルランド）
『答え［コロナ詐欺編］』（デーヴィッド・アイク著、高橋清孝訳、ヒカルランド）
『波動こそが病気を治す』（萩原弘道著、ＰＨＰ研究所）
『水の科学』（大坪亮一著、東宣出版）
『ロックフェラー回顧録』（デイヴィッド・ロックフェラー著、楡井浩一訳、新潮文庫）
『フリーメイソン・イルミナティの洗脳魔術体系』（テックス・マーズ著、宮城ジョージ訳、ヒカルランド）
『世界をだました5人の学者』（船瀬俊介著、ヒカルランド）
『未来を救う「波動医学」』（船瀬俊介著、共栄書房）
『世界に広がる「波動医学」』（船瀬俊介著、共栄書房）
『ガンを治す「波動医学」』（船瀬俊介著、共栄書房）
『なぜ中国は認知症に「音響チェア」を導入したのか？』（船瀬俊介著、徳間書店）
『スピーカー革命』（船瀬俊介著、ヒカルランド）
『「波動医学」と宗教改革』（船瀬俊介著、ヒカルランド）
『自由からの逃走』（エーリッヒ・フロム著、日高六郎訳、東京創元社）
『鉱石・波動の可能性を求めて』（高木利誌著、明窓出版）
『死後の謎に挑む』（今村光一著、日本文芸社）
『命の不思議探検』（徳永康夫著、たま出版）

『歓喜のアカシック』（中谷由美子著、ヒカルランド）
『見えない世界の科学が医療を変える』（長堀優著、でくのぼう出版）
『マトリックスの子供たち（上）』（デーヴィッド・アイク著、安永絹江訳、ヒカルランド）
『「断食の神様」に教わった霊性を高める少食法』（森美智代著、徳間書店）
『そして第三次世界大戦が仕組まれた』（及川幸久著、ビジネス社）
『驚異の健康回復物質「ＳＧＥ」で病を治す』（広瀬滋之著、現代書林）
『人のために祈ると超健康になる！』（高橋徳著、マキノ出版）
『気療で健康増進』（神沢瑞至著、たま出版）
『ワクチン後遺症社会の到来』（福田克彦著、ヒカルランド）
『宇宙の存在に癒される生き方』（天野仁著、徳間書店）
『アインシュタインと科学革命』（ルイス・Ｓ・フォイヤー著、村上陽一郎他訳、法政大学出版局）
『この世の99％を動かす量子の秘密』（岩尾朋美著、ヒカルランド）
『形象・数・音で鍼灸医学を科学する』（三角大慈著、医学舎）
『5度の臨死体験でわかったあの世の秘密』（小林健著、イースト・プレス）
『医者が患者をだますとき』（ロバート・メンデルソン著、弓場隆訳、ＰＨＰ研究所）
『単分子化水』（六崎太朗著、たま出版）
『ドイツ振動医学が生んだ新しい波動健康法』（野呂瀬民知雄著、ヴィンフリート・ジモン監修、現代書林）

〈主な参考文献〉

『フリーラジカルって何だ？』（近藤元治著、日本医学館）
『真のユダヤ史』（ユースタス・マリンズ著、天童竺丸訳、成甲書房）
『カナンの呪い』（ユースタス・マリンズ著、天童竺丸訳、成甲書房）
『クスリは飲んではいけない!?』（船瀬俊介著、徳間書店）
『NASAは〝何か〟を隠してる』（船瀬俊介著、ビジネス社）
『ハイジャックされた地球を99％の人が知らない（上下）』（デーヴィッド・アイク著、本多繁邦訳、ヒカルランド）
『自我と無意識』（C・G・ユング著、松代洋一／渡辺学訳、第三文明社）
『月はUFOの発進基地だった！』（コンノケンイチ著、徳間書店）
『魂の恋愛』（尾崎真奈美著、KKベストセラーズ）
『超能力』（関英男著、光文社）
『超微小生命体ソマチットと周波数』（増川いづみ／福村一郎著、ヒカルランド）
『前世を記憶する子どもたち』（イアン・スティーブンソン著、笠原敏雄訳、日本教文社）
『自然医食』（2023年、No.1）

船瀬俊介（ふなせ・しゅんすけ）
1950年、福岡県に生まれる。九州大学理学部入学、同大学を中退し、早稲田大学第一文学部社会学科を卒業。地球環境問題、医療・健康・建築批評などを展開。文明批評家として、近代「火の文明」は、近未来「緑の文明」にシフトすると主張。同志を募って「船瀬塾」を主宰。さらに、年に500本は鑑賞する永遠の映画青年。シナリオ作品として『夕暮まで』（黒木和雄監督、共作）、『なしか？』、『アンデス幻想』、『龍馬外伝、寺田屋襲撃』（未公開）などがある。
著書に、『病院に行かずに「治す」ガン療法』、『ガンになったら読む10冊の本』、『健康住宅革命』、『原発マフィア』（花伝社）、『未来を救う「波動医学」』、『世界に広がる「波動医学」』『ガンを治す「波動医学」』、『あぶない抗ガン剤』、『維新の悪人たち』、『肉好きは8倍心臓マヒで死ぬ』、『フライドチキンの呪い』、『新版 笑いの免疫学』、『コロナと5G』、『コロナとワクチン』、『ワクチンで殺される』、『コロナの、あとしまつ』（共栄書房）、『買ってはいけない』（金曜日）、『知ってはいけない⁉』、『「長生き」したければ、食べてはいけない⁉』、『ガン検診は受けてはいけない⁉』（徳間書店）、『日本の真相！』、『アメリカ不正選挙2020』（成甲書房）、『魔王、死す』、『リニア亡国論』、『牛乳のワナ』（ビジネス社）など多数。

カバー写真：Adobe Stock

奇跡を起こす「波動医学」——“量子力学”が切り開く未来医療革命

2023年11月20日　初版第1刷発行
2024年3月30日　初版第3刷発行

著者 ———— 船瀬俊介
発行者 ——— 平田　勝
発行 ———— 共栄書房
〒101-0065　東京都千代田区西神田2-5-11 出版輸送ビル2F
電話　03-3234-6948
FAX　03-3239-8272
E-mail　master@kyoeishobo.net
URL　https://www.kyoeishobo.net
振替　00130-4-118277
装幀 ———— 生沼伸子
印刷・製本 —— 中央精版印刷株式会社

ISBN978-4-7634-1114-3 C0047